31 jours pour se connaître un peu plus

S'observer et s'accepter dans les relations est un choix très élevé pour être heureux et s'aimer.

Par Claude Lasanté

ISBN 978-2-923727-56-1

Claude Lasanté

31 jours
pour se connaître un peu plus

S'observer et s'accepter dans les relations est un choix très élevé pour être heureux et s'aimer.

Table des matières

- Avant-propos   7
- Jour 1 : Avoir un esprit ouvert durant votre lecture   15
- Jour 2 : Pourquoi est-il si important de se connaître soi-même ?   17
- Jour 3 : L'acceptation est la clé du changement   19
- Jour 4 : Qui est responsable d'avoir créé mes problèmes ?   23
- Jour 5 : La relation n'est pas une solution pour être heureux   27
- Jour 6 : Je suis ce que je suis, non ce que je fais ni ce que j'ai !   33
- Jour 7 : Se connaître, c'est exprimer notre nature   37
- Jour 8 : Nos états d'être expriment notre nature   41
- Jour 9 : Comprendre ce qu'est un choix libre   49
- Jour 10 : Nos 3 outils de la création qui expriment notre nature   53
- Jour 11 : L'âme indique notre vérité par le sentiment   59
- Jour 12 : L'esprit choisit et la pensée décide   65
- Jour 13 : La mémoire est utile, mais peut détruire toute relation   71
- Jour 14 : La raison n'est pas notre esprit, mais notre égo   75
- Jour 15 : L'expression d'un sentiment est l'émotion   83
- Jour 16 : Les 5 émotions naturelles   89
- Jour 17 : L'erreur de contrôler nos émotions   97
- Jour 18 : La meilleure décision pour nous est celle qui est vraie   101
- Jour 19 : Le contrôle est un pouvoir égoïste et séduisant   107
- Jour 20 : L'autorité est la voix de ce que l'amour n'est pas   113
- Jour 21 : Les 9 façons qui tuent l'amour et la connaissance de soi   121
- Jour 22 : Comment se libérer de l'emprise de l'autorité ?   131

- Jour 23 : Faire confiance à l'autorité est un choix moindre !   137

- Jour 24 : Le besoin aux autres est un choix moindre   147

- Jour 25 : La sécurité est un choix moindre   153

- Jour 26 : La séparation est un choix moindre   161

- Jour 27 : L'accumulation est un choix moindre   169

- Jour 28 : Les obligations à faire sont un choix moindre   181

- Jour 29 : Le jugement et la condamnation sont un choix moindre   191

- Jour 30 : Les conditions sont un choix moindre   205

- Jour 31 : La supériorité est un choix moindre   215

- La connaissance de soi est un choix libre et conscient   223

Avant-propos

Avez-vous observé que la plupart de nos intérêts ont quelque chose à voir avec les autres ? De vouloir être heureux, être aimés, être reconnus, être confortables, être riches !

Et en toute inconscience, nous voulons contrôler, avoir le pouvoir sur les gens afin d'obtenir ce que nous voulons ardemment et les conséquences en sont désastreuses.

Mais savez-vous, que nous pouvons aussi obtenir ce que nous voulons d'eux d'une façon différente ?

Les gens sont vraiment merveilleux, quand vous avez un intérêt sincère à les traiter comme des personnes aussi importantes que vous, en étant attentif à leurs sentiments et leurs intentions, en leur laissant la liberté de choisir, en les acceptant tels qu'ils sont, en demandant leur permission et finalement, en leurs offrant ce que vous voulez pour vous et ainsi vivre l'expérience de l'avoir par le partage.

Mais tous ces mots ne valent rien, si vous n'avez pas l'intention de vous observer et vous accepter tel que vous êtes avant de choisir d'être et faire quelque chose !

Voilà pourquoi, il est important de se connaître, d'être attentif à ce que vous sentez, ce que vous pensez, ce que vous dites, ce que vous faites et ce que vous voulez dans vos relations.

Car si vous ne l'êtes pas, vous allez toujours croire que vous êtes la victime des autres qui ont causé vos peines, vos malheurs et vos problèmes.

Se connaître est dans l'action de la relation

Vous ne pouvez pas vous connaître en lisant ou en écoutant les autres, car cela est une accumulation de mots dans votre mémoire, et vous n'êtes pas quelque chose de statique, de mort.

Mais vous pouvez vous connaître par l'observation, l'acceptation et la compréhension de soi dans l'action, laquelle est la relation, car vous êtes quelque chose de vivant.

Vous devez accepter d'abord, ce que vous n'êtes pas et ainsi faire entrer librement dans votre esprit, une information de ce que vous êtes, selon vous.

Ce nouvel état d'être, cette nouvelle connaissance, ne doit pas venir du monde extérieur, mais de votre monde intérieur.

Voilà ce qu'est un choix libre !

Car si vous approuvez ou acceptez ce que les autres disent ou écrivent, alors vous n'avez pas de choix libre et ainsi vous soumettre à eux.

Sans la relation, il est impossible de se connaître, car l'action en est la relation qui produit les sentiments de bien ou de mal. Ce bien est qui nous sommes et ce mal est qui nous ne sommes pas, mais qui doit exister afin d'avoir un choix entre les deux.

Qui est motivé à se connaître ?

Ce livre s'adresse à ceux qui vivent un sentiment de vide, de rejet, de tristesse, d'inquiétude ou tout autre état d'être malheureux en rapport avec les gens.

Si par ailleurs, vous vivez dans la sécurité, le confort et la satisfaction, probablement, vous n'aurez aucun intérêt à vous connaître ni à lire ce livre, car il n'y a aucun désir venant d'un sentiment inconfortable.

Cependant, il pourrait arriver un jour où les douleurs ou les malheurs vous réveilleront de cette profonde inconscience à votre sujet.

Que choisirez-vous à cet instant ? De vous connaître et vous aimer vraiment ?

Ou bien vous allez retourner dans l'oubli de qui vous êtes vraiment, dans cette vie imitative ! Cette vie où tout se résume à vouloir être aimé, être reconnu, être meilleur que l'autre, en avoir plus que l'autre.

Mais attendez ! Vous avez tout simplement oublié, oublié de vous connaître en imitant des gens qui ne se connaissent pas !

Vivre sous l'autorité des autres, c'est oublier qui vous êtes et ainsi perdre votre confiance, douter de vous, en donnant votre foi aux autres.

Ne croyez pas en moi, mais en vous !

Je comprends très bien ce que vous pouvez vivre en ce moment, car mon histoire est un peu la vôtre.

Ma vie n'a pas été ce qu'on peut appeler une réussite selon les standards de la société afin de bien paraître, mais aujourd'hui, je suis très reconnaissant d'avoir vécu ces expériences afin de m'apporter une certaine sagesse que je ne croyais pas possible.

J'ai vécu des peines amoureuses qui m'ont blessé profondément, des séparations de couple qui m'ont fait vivre beaucoup d'angoisse, un divorce qui m'a bouleversé mon âme, l'absence de mes enfants qui ne voulaient plus me voir, je me suis fait saisir ma maison par la banque et j'ai perdu à cinq reprises, ma sécurité d'emploi.

Je ne sais pas pour vous si c'est la même chose que moi, mais j'avais l'habitude de chercher hors de moi, des solutions pour être bien dans mes relations.

Et pourtant, j'ai continué à accumuler les échecs, les souffrances dans ma vie, car je continuais d'écouter ou de lire des gens qui n'avaient aucune conscience d'eux ni d'expérience de ce que je vivais.

Ils avaient des titres et des professions, mais cela ne m'aidait pas à observer ni à accepter ni à comprendre mes problèmes, me comprendre sincèrement.

J'étais tanné d'entendre des histoires, des conseils et des solutions de gens qui ne racontaient jamais leurs propres expériences et s'appuyaient sur leurs études, sur des titres et des années de travail pour **expliquer la vie des autres, sauf la leur** !

Ils n'avaient pas de vérité propre pour comprendre et ainsi avoir une compassion sincère envers les gens.

J'ai compris, après de nombreuses années, que ceux qui disaient aux autres quoi faire, étaient en fait, ceux qui n'apportaient rien de valable dans les relations.

Ils prennent pour acquis, les mots, les enseignements des autres et les répètent sans jamais expérimenter si leurs solutions fonctionnent ou non, créant alors plus de complication par la propagande d'idées sans avoir la sagesse de les appliquer.

Parce que j'ai eu peur de donner tort à ces gens instruits et titrés, alors j'étais condamné à ne jamais avoir confiance en moi.

Je me suis libéré de cette peur et du jugement en observant attentivement et en posant des questions afin de connaître leurs propres vérités. J'ai compris qu'ils en n'avaient pas et cherchaient plutôt à avoir raison pour bien paraître, être reconnus, peu importe les conséquences dans les relations.

Dire aux autres mes sentiments, mes problèmes, ce que j'ai eu comme échecs et ce que j'ai fait pour m'en libérer est ce qui fonctionne, car vous êtes libre de me croire et choisir le sens de votre vie sans aucune autorité.

Nous parlons de la vraie vie ici, non des illusions pour bien paraître, pour sauver la face, protéger l'égo !

La solution à un problème de relation n'est pas dans la réaction habituelle de chercher hors de vous, vos réponses, mais en acceptant et en comprenant votre état d'être malheureux afin qu'il se transforme en un état d'être heureux, puis de choisir de faire quelque chose à partir d'un nouvel état d'être motivant pour vous.

Ce processus est celui de **se connaître soi-même**, de se rappeler qui nous sommes.

C'est de cela que j'aimerais vous parler dans ce livre.

Durant un mois, pouvez-vous lire un chapitre par jour, le matin à votre réveil et le soir avant de vous endormir ?

Je vous apporterai des points de vue différents afin que vous soyez libre de choisir ce que vous avez envie de croire et vous libérer, une fois pour toute, de ces sentiments malheureux qui existent en vous afin de les remplacer par des sentiments heureux sans avoir besoin des autres.

Se connaître est le début de toute sagesse et se connaître selon les autres est de vivre dans la peur et la culpabilité toute sa vie, sans s'en rendre compte.

Le choix vous appartient et peu importe lequel, le meilleur choix pour vous est celui qui est vrai dans vos sentiments par rapport à ce que vous lisez ici.

Claude Lasanté

Jour 1 : Avoir un esprit ouvert durant votre lecture

Avant de débuter, j'aimerais vous rappeler que sans nous en rendre compte, nous croyons vrai tout ce que nous savons déjà, peu importe si cela nous sert.

Ainsi, ce que nous ne connaissons pas, va apparaître « faux » dès le départ et ainsi chercher à donner tort aux autres pour avoir raison.

Que se passerait-il, si tout ce que nous croyons vrai soit faux et tout ce que nous croyons faux soit vrai ?

En d'autres termes, ce qui a été bien pour nous dans le passé peut être meilleur aujourd'hui et ce qui est meilleur aujourd'hui peut toujours l'être davantage.

J'observe que ma véritable sagesse est dans ma capacité à **ne pas vouloir avoir raison**, car cela me piège à ne jamais évoluer en conscience et en bien-être en n'acceptant pas les points de vue des autres, mais de les juger, les critiquer, pour leur donner tort.

En vérité, à chaque fois que j'ai voulu avoir raison dans une relation avec quelqu'un, à satisfaire mon égoïsme, cela a produit de nombreux désaccords, des conflits ou des problèmes.

Jour 2 : Pourquoi est-il si important de se connaître soi-même ?

Imaginez que vous êtes dans une pièce obscure avec un serpent venimeux, vous êtes attentif, très attentif dans cette situation, n'est-ce pas ?

Vous choisissez sans penser, d'être calme et aimable avec le serpent afin de ne pas être attaqué et ainsi ne pas courir le risque de mettre votre vie en danger !

En fait, vous observez et vous savez que vous n'avez aucun contrôle sur le serpent, uniquement sur vous.

Cependant, lorsque vous êtes en relation avec les gens, avez-vous ce genre d'attention, d'observation, de compréhension et de respect ?

Ou vous êtes plutôt en train de penser à ce que vous pouvez obtenir d'eux, avoir raison, à être le meilleur, à être à la hauteur, à vouloir davantage, donc à vos intérêts sans considérer ceux des autres !

Vous savez qu'un serpent venimeux est dangereux pour votre bien-être, mais êtes-vous conscient que les gens sont probablement plus dangereux, lorsque vous voulez les contrôler, les obliger, les manipuler, les menacer, les blesser ou les abuser pour obtenir ce que vous voulez ?

Jour 3 : L'acceptation est la clé du changement

Aimeriez-vous que vos peines, vos inquiétudes, vos craintes et vos souffrances continuent d'exister ?

Alors il suffit de les nier pour bien paraître, les cacher pour les oublier, les fuir pour ne pas les comprendre !

N'est-ce pas ce que vous faites et avez toujours fait ?

En tous cas, c'est ce que j'ai fait, mais cela n'a jamais fonctionné pour mon bien-être !

Changer les apparences ne change rien !

De nombreuses personnes disent qu'il faut changer quelque chose, quand ça va mal dans notre vie.

Je suis d'accord qu'il faut changer quelque chose.

Mais avons-nous oublié que le changement est bien plus que transformer les apparences, les images, la réalité ?

Si vous vivez des relations difficiles avec quelqu'un, est-ce que votre réaction est de vouloir le corriger, le changer, le transformer ou le remplacer afin d'être heureux ou heureuse ?

Probablement, vous allez penser que c'est à l'autre de changer et non à vous, et l'autre aussi va penser la même chose.

Cependant, il est beaucoup plus facile de se changer que de changer les autres.

En vérité, personne ne change sa conscience selon vos ordres, vos menaces ni vos conditions et vous non plus !

Mais si vous n'avez rien à changer à l'intérieur de vous, alors peu importe les apparences et avec qui vous êtes, ce que vous sentez, ce que vous vivez de malheureux, va toujours revenir, car votre conscience concernant votre état d'être n'a pas changée.

La profonde habitude de répéter ce qui ne fonctionne pas !

En observant les autres, j'ai appris à solutionner un problème en changeant les apparences, peu importe si cela fonctionnait ou non pour mon bien-être, pour mes sentiments vrais.

J'ai appris à ne pas accepter mes sentiments, à réagir à voulant me débarrasser de cet inconfort au lieu de l'accepter et le comprendre, puis faire un autre choix.

- Si je m'ennui, je dois trouver une solution pour me divertir, pour ne plus m'ennuyer !

- Si je vis une dispute, je dois trouver une solution pour bien m'entendre, pour ne plus me disputer.
- Si je suis malheureux, je dois trouver une solution pour être heureux, pour ne plus être malheureux.

Et pourtant, l'ennui, les disputes, les malheurs et les problèmes revenaient quand même dans ma vie !

Ce qui confirme, ce qui prouve sans aucun doute, que les solutions correctives, qui changent les apparences mais sans changer d'abord, les états d'être, n'ont jamais fonctionnées...

Il ne me restait que de répéter cela pour bien paraître, pour montrer aux autres, que tout allait bien !

Je n'étais pas conscient de comprendre la différence entre une solution corrective qui change la **cause** (faire) et une solution créative qui change le **processus en cause** (être et faire).

En fait, on ne corrige pas un problème, un sentiment d'être, avec la même énergie qui le crée, en oubliant une partie du processus en cause ! Il faut choisir un autre état d'être avant de faire autre chose.

Changer mes sentiments malheureux de façon temporaire est une chose, mais changer afin que ces mêmes sentiments ne reviennent pas en est une autre !

Accepter « ce qui est » permet de changer l'énergie en cause.

L'acceptation change l'état d'être

La chose la plus importante pour se libérer des problèmes et de toutes inquiétudes est d'accepter notre situation telle qu'elle est, et non telle qu'elle devrait être.

D'accepter notre réalité extérieure et notre sentiment intérieur tels qu'ils sont.

L'acceptation d'une chose, nous donne la maîtrise de la changer ou non, mais la non acceptation apporte une résistance qui la garde en place en y pensant.

En acceptant « ce qui est », nous pouvons faire entrer en existence, un choix d'être et ainsi avoir la liberté d'exprimer celui qui nous convient le mieux à cet instant afin de transformer « ce qui est », transformer notre état d'être, notre énergie.

Nier « ce qui est », c'est empêcher tout nouvel état d'être d'entrer dans notre esprit et ne jamais avoir de choix conscient, mais de réagir inconsciemment avec la même habitude, la même énergie.

Maîtriser l'esprit, c'est avant tout, de s'accepter tel que nous sommes et non selon ce que nous devrions être, puis de faire un nouveau choix.

Jour 4 : Qui est responsable d'avoir créé mes problèmes ?

Pourquoi y a-t-il autant de conflits, de problèmes dans les relations d'amour, de couple, familiales, sociales et au travail ?

Ces peines, ces souffrances, ces inquiétudes et ces sentiments qui viennent bouleverser notre confort !

Comment sans libérer afin de vivre en harmonie avec les gens et avoir la confiance nécessaire pour faire face aux nouveaux problèmes ?

En vérité, il faut d'abord identifier le responsable qui a créé le problème afin de changer le processus en cause et faire un nouveau choix, un choix plus élevé, sinon il est impossible d'y mettre fin !

Mais aucune personne, saine d'esprit, ne va accepter sa responsabilité, si elle se sent coupable, car elle va se justifier en se défendant ou en attaquant.

Responsable ne veut pas dire coupable !

Depuis ma naissance, j'ai observé les adultes et j'ai senti souvent, ce sentiment malheureux de culpabilité venant d'eux, qui me jugeaient après une erreur dans une décision ou action de ma part et même, quand je ne faisais rien !

Que ce soient mes parents, mes enseignants ou les autres adultes, personne ne m'a montré à faire un choix plus élevé ni de réparer mes petites erreurs de jeunesse dans la joie et l'espoir afin de me sentir bien et responsable.

Personne ne m'a montré non plus, comment prendre des décisions avisées, mais d'exécuter leurs ordres.

Car pour ceux qui donnaient des ordres, c'est moi qui vivais les résultats de leurs mauvaises décisions et ce sont eux, qui recevaient la gloire pour les résultats de mes bonnes actions.

En d'autres termes, quand les choses se passaient mal, je subissais les punitions et les condamnations, mais quand les choses se passaient bien, c'est eux qui recevaient les appréciations, les reconnaissances !

Comment puis-je être conscient de ma responsabilité, quand je n'ai pas choisi moi-même de faire quelque chose ? Comment être responsable, quand la peur et la culpabilité ne faisaient que de me détester ?

Merde ! J'étais un tout petit enfant et les adultes, qui sans s'en rendre compte, continuaient à exercer leur faux pouvoir, leur contrôle au moyen de la peur et la culpabilité afin de se comparer avec moi et ainsi se croire meilleurs ou supérieurs.

N'y avait-il pas autre chose de plus aimable que de m'abaisser pour s'élever ? N'y avait-il pas autre chose de plus intelligent que de montrer qu'ils sont de bons adultes en affirmant qu'il y a de mauvais enfants ?

L'autorité détruit toute conscience de soi

Aujourd'hui, j'ai plus de 50 ans et lorsqu'il y a un problème dans une quelconque relation, j'observe que rares sont les adultes qui vont accepter leurs erreurs, leur responsabilité, car au fond d'eux, cela n'existe pas, sauf de rendre les autres coupables.

Comment l'autorité qui juge peut-elle être consciente de leur responsabilité, quand ils s'en lavent les mains en accusant ceux qui n'exécutent pas leurs ordres ou ne suivent pas leurs règles ?

Des ordres et des règles qui existent que pour leurs intérêts personnels et en faisant croire, que c'est pour les intérêts communs.

Quand j'observe les dirigeants, les politiciens, ceux qui aiment contrôler, l'autorité, c'est exactement cela qui se passe. Ils cherchent à recevoir tout le crédit et la reconnaissance pour les accomplissements dignes de mention, mais accusent, jugent et discréditent les gens, quand les accomplissements ne sont pas à la hauteur.

Sans la liberté de choisir, la responsabilité n'existe pas !

Par conséquent, nous cherchons tous, à une certaine mesure, à contrôler les autres dans nos relations afin d'obtenir ce que nous voulons, car nous avons peur de faire des erreurs et être jugé.

Nous ne sommes pas conscients que les erreurs sont les étapes de la réussite.

Si dans une relation problématique, l'adulte n'est pas responsable et que l'autre aussi ne l'est pas, alors qui est responsable ? Si personne ne l'est, rien ne va se transformer. Comprenez-vous ce qui se passe ? Si je ne suis pas responsable de mes problèmes, qui l'est ?

Ainsi, nous avons peur de vivre des problèmes, car nous ne voulons pas être jugés afin d'éviter d'avoir un sentiment de culpabilité qui ne fait pas de bien.

Par conséquent, nous créons un problème bien plus grave. Celui de la sécurité, la conformité et s'endormir dans l'oublie de se connaître et d'évoluer en conscience.

Je sais aujourd'hui, que je suis le responsable de tous mes problèmes et ainsi avoir le pouvoir, la liberté de choisir de changer ma vie et évoluer en conscience de moi. Cela est bien plus facile que de vouloir contrôler ou changer les autres.

Jour 5 : La relation n'est pas une solution pour être heureux

Avez-vous remarqué, que ce sont souvent les adultes qui cherchent des solutions pour être heureux, jamais les enfants ?

Combien de fois, avons-nous entendus les adultes dire qu'ils terminent cette relation parce que l'autre ne les rendent pas heureux ?

Et ils enseignent cela à leurs enfants...

Ainsi, les adultes utilisent les gens afin d'être heureux et les accuser, les blâmer ou les rendre coupables, dans le cas contraire.

Par conséquent, jamais ils ne vont croire qu'ils sont dans l'erreur, dissimuler la vérité avec des fausses apparences pour bien paraître.

Le plus grand des mensonges est de vouloir prouver que vous êtes heureux pour bien paraître et cacher cette vérité !

Et pourtant, je suis adulte et j'ai eu tort d'imiter les autres adultes en utilisant les gens comme des objets, des moyens afin d'être heureux.

Nous ne sommes pas des solutions de contrôle

Nous voulons être heureux, être aimé, être reconnu, être en paix, être libre, être bien. Cela n'est pas un hasard, c'est notre nature !

Cependant, ce qui n'est pas naturel, donc ce qui est normal ou habituel, c'est d'utiliser les gens comme solution à faire pour arriver à ces résultats, sans demander leur permission, sans leur accord, sans les blesser, sans les condamner et sans imposer des conditions, donc sans respecter leur nature.

Je croyais que la seule façon d'être heureux était de dépendre, d'obliger, de contrôler les autres ou faire des échanges de conditions afin de m'apporter mes satisfactions, mon bonheur, mon bien-être.

Mais, je me suis aperçu que cette façon de vivre créait l'absence de conscience qui se traduit par l'absence de compassion envers les autres.

Ainsi, je n'ai jamais eu à l'esprit, qu'il existait un choix plus élevé, car pour en prendre conscience, je devais nécessairement accepter, que j'avais fait des choix moins élevés... des erreurs !

Mais j'ai été conditionné à vouloir être à la hauteur, à gagner, à être meilleur que l'autre, non à être le plus conscient et le plus aimable dans mes relations.

Mon bonheur débute par me connaître

Voilà l'importance de me connaître afin de ne pas produire des disputes, des conflits et des guerres en forçant les autres à me donner ce que je voulais ou à les retenir par des conditions ou des obligations.

Ce choix plus élevé est de créer et non d'imiter mes prédécesseurs en offrant aux autres, ce que je voulais pour moi et ainsi faire l'expérience de l'avoir.

Les conséquences en sont mon propre bien-être et celui des autres, peu importe si je reçois d'eux, car ma joie, mon bonheur, est dans l'action de créer quelque chose qui compte aux autres sans oublier de m'inclure parmi « les autres ».

Ainsi, je n'ai aucune attente qui pourrait me rendre malheureux, si je ne l'obtiens pas des autres !

Par exemple, je voulais être écouté par ma femme, alors j'ai choisi d'être attentif à elle, de l'écouter et alors, elle a commencé à m'écouter sans rien lui demander ni avoir d'attentes en retour ni de garantie.

Combien de fois, et sans succès, lui ai-je dit qu'elle ne m'écoutait pas ou lui ordonner de m'écouter ?

J'ai offert à ma femme, un nouveau point de vue, soit celui de voir que je suis attentif à elle, et alors, elle m'a écouté, car je lui ai laissé le choix, la liberté de choisir sans rien imposer ni demander.

En d'autres termes, on n'utilise pas les gens comme solution pour être heureux, on est heureux d'abord puis on fait quelque chose à partir de cet état d'être en toute conscience et sans avoir à l'esprit un retour, sans avoir d'attentes.

La relation existe pour se connaître

Je comprends aujourd'hui, combien j'ai imité les autres à vouloir bien paraître et ainsi m'oublier dans le mensonge sans m'en rendre compte.

D'utiliser les gens pour arriver à mes fins et non d'utiliser les gens pour me connaître au travers mes expériences ou créations conscientes.

Quand j'ai commencé à dire mes sentiments, mes fautes, mes choix qui n'ont pas fonctionnés, alors cette honnêteté m'a enlevé des doutes dans mon esprit et faire entrer en existence, une confiance et une passion de me connaître.

J'ai compris, que je ne pouvais pas avoir confiance en moi en faisant quelque chose pour l'être, comme bien des gens l'enseignent, mais en acceptant sans jugement, que j'étais en train de douter de moi. De m'oublier afin de bien paraître aux yeux des autres.

Je croyais aussi que la confiance était l'assurance, mais je me suis trompé, car l'assurance est simplement la répétition de quelque chose que je faisais souvent par habitude, mais qui aux yeux des autres, était nouveau.

La relation n'est pas un moyen pour être heureux à partir d'un état malheureux.

Je dois accepter et comprendre mon état malheureux, me connaître d'abord, et ainsi faire entrer en existence, sans aucune aide extérieure, mon propre état d'être heureux et ensuite l'utiliser dans mes relations.

Sans cela, alors j'utilise les relations en croyant avoir besoin des autres pour mon bonheur, dépendre des autres pour mon bonheur !

Cela n'est pas l'amour, mais une version contrefaite par les adultes inconscients de se connaître afin d'obliger, de contrôler les gens à faire quelque chose pour eux, à satisfaire leurs désirs égoïstes, sans égards au bien-être de l'autre.

Jour 6 : Je suis ce que je suis, non ce que je fais ni ce que j'ai !

N'est-il pas curieux, que nous savons tous qui nous sommes, quand la question est posée ?

Personne ne va répondre qu'il ne le sait pas, car la peur d'être ridiculisée, ne pas être à la hauteur, est extrêmement profonde dans nos habitudes afin de bien paraître !

Mais si je crois me connaître et qu'en vérité, cela est faux, alors je pourrais passer toute ma vie dans le mensonge et oublier le pouvoir que j'ai pour créer la vie que je veux !

Je ne peux pas me connaître si je n'ai pas d'intérêt à me connaître

Comment ai-je pu me connaître, quand je n'ai jamais eu d'intérêt à me connaître !

Même à l'école, même à la maison, même en couple et même en société, je n'ai pas eu de conscience pour me connaître !

On a plutôt mis l'importance sur le « faire » et sur l'accumulation, sur « avoir plus » afin de bien paraître.

En vérité, je suis ce que je suis, je ne suis pas ce que je fais ni ce que je possède ! Je ne suis pas un écrivain, je ne suis pas un politicien, je ne suis pas un policier, je ne suis pas un professeur, je ne suis pas un avocat. JE NE SUIS PAS CE QUE JE FAIS !

Je ne suis pas mes connaissances, je ne suis pas mes diplômes, je ne suis pas mes possessions, je ne suis pas mes biens, je ne suis pas mon argent, je ne suis pas ma popularité, je ne suis pas mes accomplissements. JE NE SUIS PAS CE QUE J'AI !

Je suis un être à la forme humaine qui exprime librement et par choix, sa véritable nature au moyen de la création.

Nous sommes un être à trois facettes

Les trois aspects de notre être sont le corps, l'esprit et l'âme. Nous sommes de la même essence que notre Créateur, donc avons le même pouvoir de création.

Lorsque nous vivons comme un être humain qui croit être un **corps uniquement**, alors on se préoccupe profondément des questions d'argent, de sécurité, de pouvoir, de reconnaissance, de gain financier, de sexe, de biens matériels, de satisfactions physiques.

Lorsque nous vivons comme un être humain qui croit être un **corps et un esprit**, alors on augmente nos préoccupations pour insérer les questions de la créativité, de nouveaux buts, de nouvelles idées, de croissance personnelle, de nouveaux défis ou problèmes, de travail d'équipe.

Lorsque nous vivons comme un être humain qui croit être un **corps, un esprit et une âme**, alors on parvient enfin à notre équilibre. Nos préoccupations incluent les questions de notre âme, du dessein de la vie, de notre relation avec Dieu et les autres, de la connaissance de soi et de l'évolution spirituelle.

Mais cette évolution, cette croissance ne veut pas dire de se déconnecter, de laisser tomber certains aspects de notre être au profit des autres. Cela veut dire d'apprécier tous les aspects de notre être afin d'élargir le sens grandiose de qui nous sommes en utilisant notre processus, notre pouvoir de création :

- Le rôle de l'âme est d'indiquer son désir en observant notre sentiment en rapport avec une relation (une personne, une chose, une idée) ;

- Le rôle de l'esprit est de choisir librement de créer le désir de l'âme ou contre elle ;

- Le rôle du corps est d'agir à partir du choix de l'esprit.

Jour 7 : Se connaître, c'est exprimer notre nature

Si au début de ma vie, on m'a conditionné à imiter par l'obéissance, en m'imposant des règles et des obligations pour me contrôler, alors je ne suis pas conscient de ma nature.

Comment alors prendre conscience de qui je suis ?

C'est en observant clairement **qui je ne suis pas**, et l'accepter, alors je sais par moi-même, qui je suis par choix libre. Sans choix, il en est impossible.

Mes sentiments indiquent ce qui est vrai à mon sujet et je m'objecte à chaque fois qu'une personne restreint ma liberté, m'impose des limites.

Restreindre ma liberté de choisir de créer ce que je veux et d'en éprouver les résultats dans mon âme.

Par conséquent :

1. Je ne suis pas un imitateur, je suis fait à la ressemblance du Créateur, de Dieu, donc je suis un créateur ;

2. Je ne suis pas une image pour bien paraître, je suis un être avec trois aspects qui sont l'âme, l'esprit et le corps.

3. La création n'est pas quelque chose à faire uniquement, mais un processus qui se déroule à partir de mes trois aspects de mon être ;

4. Je ne suis pas né avec des talents, je suis né avec trois outils pour créer qui sont la pensée, la parole et l'action ;

5. La création n'est pas de contrôler les gens afin de combler mes manques pour obtenir ce que je veux, mais de libérer les gens et cela débute par ma pensée, s'exprime par ma parole et s'accomplit par mes actions dans les relations ;

6. La création ne se réalise pas avec un ou deux outils de la création, mais avec tous les trois outils. Ce que je pense, mais que je ne parle jamais, crée à un certain niveau. Ce que je pense et que je parle, crée à un autre niveau. Ce que je pense, que je parle et que je fais, se manifeste dans ma réalité ;

7. La création ne débute pas dans le doute de moi, car je ne peux pas penser, parler et faire quelque chose que je ne crois pas. Ainsi, le processus de création comprend la foi ou la connaissance intuitive. C'est une acceptation d'un sentiment en moi ;

8. Ne pas accepter ce que je sens, c'est ne pas m'aimer ni m'apprécier comme créateur. Ce sentiment

malheureux est une gratitude, une reconnaissance pour me montrer un autre choix possible ;

9. Porter un jugement ou accuser les autres de mes malheurs n'est pas qui je suis. Je suis le créateur de ma vie et s'il y a quelque chose que je n'apprécie pas, je l'accepte, je la bénis et je fais un choix plus élevé.

J'ai toujours cherché par habitude apprise, l'amour chez les autres, à me faire aimer. En regardant le monde qui m'entoure, je croyais que la vie était comme cela, mais j'ai eu tort.

J'ai eu tort, sans m'en rendre compte, à utiliser les gens pour me faire aimer, me faire reconnaître pour compenser mon oublie de me connaître et m'aimer.

En fait, je suis ce que je cherche à être, car en moi, il y a un guide naturel qui me pousse à me connaître en des versions de plus en plus grandes de qui je suis comme créateur.

Mais si je ne sais pas que je suis cela, je vais passer toute ma vie à chercher hors de moi, chez les autres et jamais le trouver en moi, peu importe ce que j'accumule pour compenser !

Jour 8 : Nos états d'être expriment notre nature

Notre façon d'être dans les relations, peu importe ce que nous faisons, détermine notre bien-être en sentiment et celui de l'autre.

C'est vraiment ce qui compte le plus pour vivre des relations aimables et harmonieuses, car en étant conscient de nos états d'être, alors nous sommes pleinement conscients de nos sentiments et respectons ceux des autres.

Mais nos systèmes et nos traditions ont mis leurs valeurs sur la compétition, l'accumulation et le bien-paraître, et cela a produit la profonde habitude de vivre chacun pour soi et voir les gens comme des adversaires afin d'obtenir ce que l'on veut ou pour faire partie des gagnants.

Est-ce que vous êtes conscient, que cela n'apporte que des divisions, des conflits et des guerres ?

La bonté ne peut pas être contrôlée

J'observe qu'aucun système ne peut remplacer la bonté ou l'amour dans l'âme des gens, mais ce sont ces systèmes qui créent l'oublie de cette bonté, de cet amour en nous.

Personne, n'y aucun système ne peut forcer quelqu'un à être bon ou aimer. Il y a de la bonté, quand les gens sont libres de choisir et en leur expliquant les conséquences possibles.

Les forcer ou les ordonner à être bons est justement, ce qui empêche cette bonté de s'exprimer librement par l'obéissance, la peur ou la culpabilité.

Les ordres, le contrôle ou le pouvoir sur les gens sont la démonstration de ce que la bonté n'est pas. Il faut des actions aimables qui naissent dans l'âme des gens en toute sincérité et honnêteté.

L'esprit est conditionné à ne pas penser

Nous avons oublié nos véritables états d'être qui expriment notre nature dans les relations, car nous avons donné une foi aveugle à nos parents et aux gens qui contrôlent, approuvent ou travaillent dans ces systèmes.

Ces gens ne peuvent pas penser non plus, car leur esprit est déjà conditionné à ne pas penser depuis leur naissance.

Les systèmes d'enseignement nous montrent quoi penser, donc ce qu'ils veulent que nous mettons dans notre mémoire et non comment penser, en choisissant nous-mêmes, ce que nous voulons connaître.

Un esprit qui ne réfléchit pas, ne peut pas mieux réfléchir en accumulant plus de mots. Il faut d'abord qu'il observe et accepte qu'il ne réfléchit pas et de là, choisir librement, sa façon de penser.

Par conséquent, j'ai pris conscience que je ne pourrais jamais connaître mes véritables états d'être de ma nature en y pensant ou en écoutant les autres, car comme tous les adultes, j'ai été conditionné à ne pas m'observer ni m'accepter.

Je devais donc, trouver un autre point de vue.

L'observation des petits enfants est la clé

En naissant, j'étais dans un état naturel qui n'avait pas encore été influencé par le monde extérieur, mais je ne me souviens pas de mes premières années de ma vie.

Une fois adulte, sans m'en rendre compte, ma façon de penser a été conditionnée par mon éducation et mes traditions, alors il serait stupide de ma part, de me fier à ce que je pense ou ce que pensent les autres adultes afin de prendre conscience de ma véritable nature.

Comment connaître ma véritable nature ?

Tout simplement, en observant avec grande attention, le comportement des petits enfants de moins d'un an dans leurs relations.

Observer avec attention veut dire de ne pas penser, ne pas avoir d'intérêt, ne pas poser de question ni chercher de réponse, mais accepter la situation telle qu'elle est.

Voici donc, les 6 états d'être naturels que j'observe des petits enfants dans leurs relations :

1. **Aimer sans condition :** Les enfants sont affectueux et aiment tout le monde sans se préoccuper de recevoir quelque chose en retour. Ils ne savent pas pourquoi, ils doivent aimer telle personne et non telle autre. Ils cherchent des occasions pour se faire du bien et faire du bien aux autres. Notre nature est l'amour sans condition et non la peur avec des conditions.

2. **Être uni :** Les enfants cherchent à être en relation avec les gens afin de se réunir à faire quelque chose ensemble et ne pas être seul. Ils ne cherchent jamais à faire compétition, à être les meilleurs ou à gagner, mais à jouer ensemble, à être ensemble. Notre nature est l'unité et non la séparation.

3. **Être joyeux :** Le plaisir et le rire caractérisent les enfants ainsi que le mouvement du corps. Les enfants ne s'ennuient jamais, car ils sont heureux dans un environnement agréable avec les gens qu'ils aiment. Ils désirent vivre des nouvelles

expériences passionnantes, des surprises, et en éprouver les résultats. Notre nature est la joie et non l'ennui.

4. **Être honnête :** Les enfants n'ont pas peur d'exprimer leur vérité, leur sentiment au moyen des émotions. Ils ne cachent rien, mais ne comprennent pas pourquoi les adultes les nient et les blessent à ce sujet, et ainsi refouler ou cacher ce qui est vrai. Notre nature est l'honnêteté et non le mensonge pour bien paraître et mal communiquer.

5. **Être juste :** Les enfants apprécient l'égalité entre eux, et non les traitements de faveur. Ils acceptent les différences, mais ne comprennent pas la discrimination ni ce que sont les récompenses et les punitions. Notre nature est la justice et non le jugement ni la condamnation.

6. **Être éternel :** Les enfants s'imaginent qu'ils vivront éternellement et que rien ne peuvent les blesser. Ils ne s'inquiètent pas du temps et sont constamment en train de vivre au moment présent sans s'inquiéter du lendemain. Notre nature est l'éternité et non la mort du corps physique.

Notre nature d'être et de faire

Les enfants montrent quels sont nos véritables états d'être de notre nature en relation avec les gens.

Parce qu'ils ne nous apportent rien dans notre vie, nous croyons qu'ils ne sont pas importants et doivent exécuter nos ordres, et alors, nous ne les observons pas ni ne les écoutons.

Bien-sûr, nous parlons souvent des enfants pour bien paraître au devant des autres, mais en vérité, dans nos relations avec eux, c'est une toute autre histoire !

Mais quand le patron, le politicien, l'autorité parle, alors on s'écrase dans le respect par la peur... car on veut se sentir plus important à leur côté.

Notre première nature est d'aimer sans condition dans les relations, sans avoir à l'esprit, un retour ou des attentes qui sont la cause de tous nos malheurs.

Et notre seconde nature est d'exprimer notre première nature, en créant consciemment, des versions de plus en plus grandioses de qui nous sommes.

Joie, vérité, amour

Par conséquent, notre expérience et nos sentiments à propos de quelque chose représentent ce que nous savons de manière factuelle et intuitive.

Les paroles ne peuvent servir qu'à figurer ce que nous savons, elles compliquent ce que nous savons. La difficulté est de voir la différence entre nos vraies informations et celles provenant d'autres sources. Cela devient facile lorsque nous appliquons une règle très simple, car même le plus petit d'entre nous ne devrait avoir aucune difficulté à identifier ce qu'il y a de plus élevé, de plus clair et de plus magnifique.

- La pensée la plus élevée est toujours celle qui renferme la joie. Il n'y a jamais de joie dans l'absence de choix.

- Les paroles les plus claires sont celles qui contiennent la vérité. Il n'y a jamais de vérité dans le bien paraître.

- Le sentiment le plus magnifique est celui appelé amour. Il n'y a jamais d'amour dans la peur et la culpabilité.

Joie, vérité, amour, voilà qui nous sommes et qui nous choisissons d'être par le pouvoir de la création.

Jour 9 : Comprendre ce qu'est un choix libre

Pour comprendre soi-même, ce qu'est un choix libre, il faut comprendre d'abord, ce qu'un **choix libre n'est pas**.

Pourquoi est-ce ainsi ?

En sachant d'abord, ce qu'une chose n'est pas, notre pensée s'active afin de connaître le contraire de cette chose et ainsi avoir un choix.

En sachant d'abord, ce qu'une chose est, notre pensée demeure prisonnière dans la certitude d'une croyance et ainsi ne pas s'activer à connaître le contraire de cette chose, et ainsi ne jamais avoir de choix.

Comprenez-vous ?

Mais notre monde enseigne la deuxième option et ainsi créer une seule version vue par le plus grand nombre de gens, une seule croyance. Nous n'avons aucune possibilité de choisir et alors, nous ne pouvons pas savoir si cela est vrai ou faux, si cela nous sert ou non ! On nous force à accepter cela.

Par conséquent, en l'absence de choix libre, les gens continuent de croire, sans s'en rendre compte, en une seule version pour obtenir ce qu'ils veulent.

Soit celle de contrôler les gens par l'obéissance, la peur, la culpabilité et les conditions.

Ce qui est et ce qui n'est pas

En vérité, si je n'ai pas de choix, mais une seule version ou croyance imposée, alors cela m'empêche de me définir, me connaître, choisir selon moi.

Sans avoir le choix de comprendre entre ce qui est et ce qui n'est pas, je pourrais croire que ce qui est, est en fait, ce qui n'est pas.

Par exemple, si je n'ai pas l'intention de comprendre ce qu'est la malhonnête, je ne peux pas connaître ce qu'est l'honnêteté, car il n'y a pas de choix possible entre ce qui est et ce qui n'est pas. Je pourrais croire que ce qu'est l'honnêteté, est en fait, la malhonnêteté.

Faute d'obscurité, je ne peux connaître la lumière, car il n'y a pas de choix possible entre ce qui est et ce qui n'est pas la lumière.

Faute de malheur, je ne peux connaître le bonheur, car il n'y a pas de choix possible entre ce qui est et ce qui n'est pas le bonheur.

Faute de l'oublie de soi, je ne peux me connaître, car il n'y a pas de choix possible entre ce qui est et ce qui n'est pas la connaissance de soi.

Il faut nécessairement qu'existe ce que je ne suis pas afin de pouvoir me connaître par choix libre.

La connaissance de soi est déjà en vous

Se connaître ne veut pas dire accumuler des mots, des connaissances au travers les paroles ou les écrits des autres en croyant que plus vous lisez ou écoutez, et plus vous vous connaissez.

Se connaître n'est pas non plus, de faire un test de personnalité écrit par les autres. La liberté de choix ne se situe pas dans les réponses ni les questions des autres à votre sujet, mais dans vos propres questions et vos propres réponses.

Se connaître n'a rien à voir avec tous ces spécialistes qui connaissent tout de la vie, sauf la leur, donc qui ne se connaissent pas et tentent de vous dire qui vous êtes.

On va toujours en manque vers l'extérieur de nous, sans nous en rendre compte.

La connaissance de soi n'est pas d'entrer quelque chose dans votre esprit, mais de vous faire remarquer que c'est déjà là et a toujours été là !

En parlant souvent de mes propres expériences, mes propres erreurs, alors je ne cherche pas à faire entrer quelque chose en vous, mais de vous apporter un nouveau point de vue afin de vous faire remarquer, vous faire prendre conscience, de quelque chose qui est déjà en vous.

La véritable connaissance de soi doit être appliquée par vos choix libres en pensée, parole et action afin de vivre l'expérience complète selon la vérité de vos sentiments et de vos intentions.

Ainsi, pour me connaître, je dois comprendre d'abord, ce que je ne suis pas, ce qu'un choix libre n'est pas afin de faire entrer dans ma conscience, une nouvelle information qui ne vient pas des autres.

Je ne suis pas l'absence de liberté de choisir par :

- L'obéissance à l'autorité ;
- La peur par la négation de ce que je suis ;
- La culpabilité par le jugement de ce que je fais.

Ces trois formes d'oublie tuent toute liberté de choisir, donc toute expression de soi. Et sans l'expression de soi, alors la connaissance de soi est impossible.

Par conséquent, c'est en acceptant l'obéissance, la peur et la culpabilité, en acceptant ce qu'ils sont, que nous pouvons connaître ce que nous sommes par choix libre.

Jour 10 : Nos 3 outils de la création qui expriment notre nature

La vie n'est pas un processus de découverte ni une école pour apprendre des leçons, mais un processus de création consciente.

Les systèmes éducatifs n'enseignent pas, dès notre jeune âge, quels sont nos outils pour créer la vie que nous voulons, mais d'obéir, d'imiter les directives de ceux au pouvoir afin de satisfaire leurs intérêts.

J'ai vécu dans l'obéissance, la peur et la culpabilité et ainsi ne jamais me connaître, jamais connaître mon propre pouvoir et d'en éprouver les résultats.

J'ai pris conscience, au moyen de mes problèmes, que j'avais déjà en moi, tous les outils pour créer la vie que je voulais ou du moins, de ne pas me faire contrôler.

Mon âme indique son désir d'être sans l'imposer à la partie consciente de mon esprit.

Et que désire mon âme ?

Mon âme observe le moment où mon esprit prendra conscience de son existence et se joindra à elle dans la création joyeuse de ce que je suis et ce que je choisis d'être.

Parce que nous avons été conditionnés à fuir les problèmes, à les nier et à les juger de mal, alors nous ne sommes pas conscients qu'ils sont la voie pour nous réveiller de notre profond sommeil, de notre oublie de notre âme.

Sans la conscience de notre âme, alors toute création et vouée à diviser les relations, car la nature de l'âme est l'unité, le fait que nous sommes un.

Il n'y a vraiment qu'une seule âme qui s'exprime sous des versions différentes, qui exprime la création sous des caractéristiques différentes.

Les 3 outils de la création

La création ou l'expression de notre nature débute par la pensée, passe alors à la parole et s'accomplit par des actions dans nos relations.

L'expérience est complète, lorsque j'utilise ces trois outils de la création de façon consciente, car je suis en harmonie avec moi-même.

LA PENSÉE : Les pensées sont des idées formées provenant des énergies libérées selon un concept, un point de vue, une visualisation, une intuition ou une imagination.

Tout ce que j'observe dans le monde physique, tout ce qui est réel, vient de la pensée de quelqu'un.

L'âme indique une vérité, un sentiment, mais elle n'impose pas son désir à l'esprit, car sa nature est la liberté et la conscience. Elle observe.

Dans de nombreux cas, un sentiment inconfortable est indiqué, mais l'esprit réagit au lieu d'accepter et choisir un nouveau sens.

Par conséquent, nous vivons souvent les mêmes problèmes et nous refusons de croire que nous les avons créés, nous refusons l'entière responsabilité de notre pouvoir de création.

Rien n'existe, dans notre monde, qui n'a pas pris naissance à partir d'une forme de pensée. La pensée est le premier niveau de la création. Mais cette pensée est souvent prisonnière de croyances profondes imposées par les autres.

C'est l'imagination qui permet de voir un processus de création en mouvement, mais nous avons été conditionnés à croire que la raison et la mémoire sont les plus hautes formes de pensée.

Rien n'est plus éloigné de la vérité !

En fait, la raison est l'égo et la mémoire n'est que du stockage de données, donc ils n'ont aucun pouvoir de créer du neuf, mais de répéter le même passé connu.

LA PAROLE : Le niveau suivant de la création est la parole. La grande part des pensées aboutissent par former des paroles écrites ou orales.

Par ce niveau supplémentaire d'énergie à la pensée, la parole écrite ou verbale est poussée, exprimée dans notre monde où elle peut être remarquée par les autres personnes. Tout ce que nous disons ou écrivons est une pensée exprimée.

Les paroles sont plus créatives que la pensée, car elles constituent un niveau plus élevé, différent de celui de la pensée. Elles provoquent, dérangent, changent, influencent et affectent nos relations avec plus de force.

Lorsque les paroles proviennent d'un esprit craintif, un esprit inconscient du désir de l'âme, un esprit qui a peur de perdre quelque chose, un esprit qui veult le pouvoir sur les gens, alors les paroles peuvent êtres blessantes et culpabilisantes.

L'ACTION : Pour produire un résultat, une manifestation matérielle ou physique, nous devons mettre en action les pensées et les paroles.

Tout autour de nous, dans le monde que l'homme a créé, est né ainsi, ou d'une variante. Les trois centres de création ont été utilisés.

Nous pouvons penser être des personnes aimables et le dire, mais sans geste aimable envers quelqu'un, nous n'avons que des connaissances non appliquées, donc aucune sagesse à ce sujet.

Le monde est rempli de ce type de gens qui veulent bien paraître avec les mots et non d'être vrais en pensée, parole et action.

Les actions sont des paroles en mouvement, de l'énergie en mouvement en relation avec quelqu'un ou quelque chose. Sans la relation, il n'y a pas de sentiment.

La mesure pour savoir si nos créations sont utiles est l'amour, donc le bien-être dans nos sentiments. La mesure de l'amour est l'unité, non la division.

Ainsi, le bien-être n'est pas une chose personnelle, mais une chose relationnelle. Se sentir bien suite à une création et que l'autre ne se sent pas bien, cela n'est pas l'amour.

Jour 11 : L'âme indique notre vérité par le sentiment

Nous sommes nés avec des sentiments, alors il serait stupide de les nier, les juger, mais très sage d'être attentif à eux, de les observer soi-même !

Nous voulons tous l'amour, l'harmonie et le bien-être dans nos relations, mais nous oublions nos sentiments, nos états d'être, et ceux des autres.

Pourquoi ne sommes-nous pas plus intéressés à connaître nos deux sentiments, qui sont les choses les plus importantes dans notre vie ?

Avons-nous été endormis par de grands esprits, qui ne sont pas conscients de leurs propres sentiments dans l'âme et ainsi croire à tort, qu'ils sont des émotions de l'esprit ?

Je me sens bien ou je me sens mal

Pour tout vous dire, j'ai fait la plus grande bêtise de ma vie en croyant les gens ou les spécialistes qui savent tout de la vie, sauf la leur !

J'ai écouté l'autorité qui juge et les gens instruits, et cela m'a apporté, sans m'en rendre compte, une profonde inconscience de douter de moi et ainsi leur donner une foi aveugle qui nourrit leur égo.

Quelle ignorance de ma part !

Quelle grande ignorance de leur part !

En fait, je n'ai pas besoin d'hautes études, de titres ni de richesse pour savoir si quelque chose me fait du bien ou non. Il suffit d'observer mes sentiments par rapport à une personne, une chose ou une idée.

Pas besoin d'écrire des millions de livres ni d'étudier des années à ce sujet afin de compliquer quelque chose de pourtant très simple à voir, même pour un enfant de trois ans ! Il suffit d'observer nos sentiments et pour cela, nous n'avons pas besoin de personne pour nous l'expliquer…

Par conséquent, j'observe que j'ai deux sentiments :

- Un sentiment de mal
- Un sentiment de bien

Mes sentiments sont mes guides, mes vérités, et le jour où j'ai pris conscience de cela, que j'ai compris que je suis la seule autorité dans ce qui est bien ou mal pour moi, alors j'ai commencé à m'accepter, me comprendre, me respecter et m'aimer, peu importe ce que les autres en pensent et en disent.

Les émotions ne sont pas les sentiments

L'expression dans le monde physique des sentiments est l'émotion.

Sans être attentif à nos sentiments de bien ou de mal, alors notre expression débute dans l'inconscience de soi, qui souvent, est une réaction habituelle provenant d'un sentiment de mal.

Ainsi, ce qui compte n'est pas de refouler, contrôler ni maîtriser nos émotions, mais d'observer la source, d'observer nos sentiments afin de choisir d'exprimer, l'état d'être qui nous convient le mieux par choix libre.

Il n'y a pas de sentiment négatif ou positif, car cela est un jugement. Ce n'est pas parce que je me sens mal, que cela est négatif !

Au contraire, cela me permet d'observer que j'ai fait un choix moindre auparavant dans mon passé et que j'ai la possibilité de faire un choix plus élevé.

Mais le choix élevé d'aujourd'hui pourrait aussi être un choix moindre demain. Cependant, je ne le sais pas encore et je fais toujours de mon mieux, compte tenue des connaissances que je dispose à cet instant.

Comment puis-je avoir un choix conscient, si je nie ou juge l'existence du sentiment mal ?

Mes sentiments créent ma réalité

Lorsque j'observe que je vis un sentiment mal, que je l'accepte sans réagir, sans faire quelque chose à partir de cet état, alors je m'en libère en faisant entrer en moi, un nouvel état d'être et ainsi avoir un nouveau choix conscient.

Un choix conscient entre réagir à partir d'un sentiment mal ou agir à partir d'un nouvel état d'être de bien. La qualité de ma vie en est les conséquences dans ma réalité et celle des autres !

Mais si je réagis à partir d'un sentiment de mal sans m'en rendre compte, alors je vais exprimer et créer quelque chose qui va faire du mal aux autres et à moi, sans m'en rendre compte.

Il ne faut jamais oublier que la vengeance fait partie des habitudes des gens inconscients et nous avons même créé un système puissant pour se venger et ainsi créer encore plus de tort et d'injustice. Cela se nomme le système judiciaire !

Connaître ce que sont les sentiments

Nous ne pouvons pas comprendre nos sentiments, nous ne pouvons que les connaître au moyen de l'observation intérieure et l'acceptation.

Cependant, nous pouvons les oublier par la peur de l'autorité qui nous disait ce qui était bien ou mal pour nous.

La plus grande erreur des gens inconscients est celle de croire qu'ils savent ce qui est bien ou mal pour un autre, de ne pas avoir l'intention sincère d'accepter et comprendre l'autre, mais de le contrôler afin d'obtenir ce qu'ils veulent.

Une personne avec une conscience élevée sait que nier ou juger les gens provoquent des arguments, des divisions et des disputes dans les relations.

Comment puis-je respecter quelque chose que je ne suis pas conscient ? Comment puis-je respecter les sentiments des autres si je ne suis pas conscient de mes sentiments ? Comment les gens peuvent-ils respecter mes propres sentiments s'ils ont oublié les leurs ?

Mes sentiments sont mes vérités à chaque instant. Les sentiments de bien sont ce que je suis et les sentiments de mal sont ce que je ne suis pas, mais **doivent exister afin d'avoir un choix libre**.

Par conséquent, si je veux savoir ce qui est vrai pour moi dans une situation quelconque, dans toutes mes situations, alors je me pose une simple question :

Comment je me sens actuellement ?

Je ne fais pas l'erreur de me poser comme question :

Qu'est-ce que je dois faire ?

Car si j'oublie mon état d'être présent ou sentiment, alors je réagis sans aucun choix d'être et les résultats ne seront pas en fonction de mon bien-être.

Jour 12 : L'esprit choisit et la pensée décide

Une des choses les plus étrange de la vie est celle concernant notre manque d'intérêt ou de motivation à connaître le fonctionnement de notre esprit.

Sans cette connaissance de soi, comment pouvons-nous comprendre quelque chose, choisir ce qu'il y a de mieux pour soi et décider de créer ce que nous voulons ?

Comment arriver à prendre conscience de ce qu'est notre esprit, ce que sont ses facultés qui produisent notre façon de penser ?

Pour cela, il faut d'abord comprendre, comment nous sommes arrivés à ne pas s'intéresser à notre esprit et ainsi se libérer de ce qui tient en place ce peu d'intérêt.

Pourquoi n'avons-nous pas d'intérêt à connaître notre esprit ?

Par habitude apprise de l'enseignement, jamais on ne m'a fait prendre conscience de l'importance de mon esprit pour solutionner mes problèmes, pour choisir de créer ma vie et m'aimer de plus en plus, au travers mes réalisations en relation avec les gens.

On m'a plutôt forcé à mémoriser des choses, bien souvent inutiles pour moi, à gagner ma vie dans un travail que je n'aime pas, à faire partie des meilleurs par la compétition et me comparer avec les gens.

J'ai observé aussi, que les personnes instruites m'ont conditionné à croire qu'elles possédaient toutes les réponses à mes questions et ainsi perdre la foi en moi, perdre ma confiance et oublier les facultés de mon esprit.

En perdant la foi en moi, j'ai aussi perdu tout intérêt de me connaître, de connaître mon âme et mon esprit, et croire que je suis qu'un corps pour bien paraître, performer, exécuter ou donner des ordres.

Par conséquent, j'ai cru que seul les grands esprits, les gens instruits avec de nombreux diplômes et titres pouvaient saisir toute la compréhension des facultés de mon esprit.

Je me suis trompé !

La pensée est un résultat et non une énergie qui produit un résultat

Lorsque j'ai pris conscience que ma façon de penser était la cause de nombreuses paroles blessantes, j'ai compris aussi, que je ne pouvais pas changer ma façon de penser en y pensant ou en accumulant plus de mots, plus de mémoire, lire plus, car il y a avait une source plus profonde, une cause.

Cela n'a pas été facile avec autant de complication et de désordre que j'avais déjà dans ma pensée. Cette pensée qui veut avoir raison, qui est certaine, et ainsi empêcher d'entrer en moi, toute nouvelle prise de conscience et de connaissance.

En vérité, c'est mon esprit qui est la cause de ma façon de penser et c'est ma pensée qui décide.

Ma pensée n'est pas qui je suis, mais mon esprit est une des trois facettes de qui je suis. Je suis une âme, un esprit et un corps.

Ces trois énergies produisent des résultats, des formes. Ma façon de penser est une forme, une conséquence, un résultat.

Je ne suis pas une maison, une forme, mais je suis l'énergie en cause qui crée la maison. Je suis celui qui crée la maison en utilisant mon âme, mon esprit et mon corps, donc mes énergies.

Je ne suis pas mes pensées, je suis l'énergie qui les crée. Je suis l'esprit qui crée ma façon de penser. Mes pensées sont des idées formées par mon esprit.

Ma façon de penser ne peut pas se changer en y pensant... Ma maison ne peut pas se transformer avec ma maison.

L'esprit est le véritable pouvoir pour changer et créer de nouvelles pensées

Notre esprit est l'énergie qui permet de comprendre la réalité physique par la logique, de choisir la vérité de l'âme par l'intuition et de créer par les émotions.

Ces trois facultés ou activités sont ce que l'esprit est :

- La logique ou l'observation pour comprendre la réalité extérieure ;
- L'imagination ou l'intuition pour connaître la vérité intérieure ;
- L'émotion pour choisir et créer l'expérience.

La pensée est le résultat des facultés ou activités de l'esprit et les connaissances apprises sont placées dans notre mémoire. Plus ces connaissances sont utilisées et plus elles forment des pensées profondes, des croyances.

L'esprit ne pense pas, ne décide pas, il observe « ce qui est », sans penser, il observe le présent et l'accepte en sachant parfaitement, que rien ne peut changer cette situation à cet instant, car il est un résultat, une forme.

La pensée, quand à elle, cherche à reproduire ce qu'elle connaît, donc à réagir par la mémoire à « ce qui devrait être » selon « ce qui a été ».

Elle n'accepte pas le présent, s'il est inconfortable ou différent de ce qu'elle connaît, et cette résistance garde la pensée profonde en place.

Pour changer ce résultat, il faut changer le processus qui produit ce résultat. Le processus d'être et de faire.

Être est une fonction de mon âme et faire est une fonction du corps incluant aussi la pensée. La pensée décide de faire agir le corps par choix conscient de l'esprit ou par habitude inconsciente de la mémoire.

Jour 13 : La mémoire est utile, mais peut détruire toute relation

La mémoire est très pratique, car elle me permet de repenser, redire et refaire les mêmes choses par habitude et ainsi me faciliter la vie.

Cependant, quand ma mémoire est utilisée pour avoir raison dans les relations, donc pour ne pas accepter les autres tels qu'ils sont, alors elle est destructive et conflictuelle, donc inutile.

Parce que j'ai été conditionné par l'enseignement à mettre l'importance sur l'accumulation de mots dans ma mémoire, alors ma façon de penser est devenue mécanique, morte.

Et une pensée mécanique, sans conscience de l'âme, sans sagesse par l'application pratique en expérience et sans les vérités des sentiments, est une pensée complètement ignorante et inconsciente de sa propre nature.

Cette inconsciente m'a fait qu'oublier les facultés de mon esprit qui en sont la logique, l'imagination et les émotions pour être remplacées par la raison, l'égo.

Pour me libérer de cette pensée morte, il me fallait avoir l'intention d'accepter et de comprendre ce qu'est la mémoire.

Deux sortes de mémoire existent

La mémoire que j'utilise pour penser comporte deux domaines. Celui par l'accumulation des mots et celui par l'accumulation de nouvelles expériences.

J'ai observé que plus j'accumulais des mots sans application pratique, sans l'expérience en sentiment, plus je réagissais à vouloir avoir raison dans mes relations et plus l'inconscience de moi, la peur et la division augmentaient.

J'avais peur de perdre la face en évitant de dire « je ne sais pas ». De plus, je n'avais jamais l'intention de vouloir comprendre les gens, de comprendre leurs sentiments, leurs inquiétudes, leurs intentions et alors, jamais je ne posais des questions pour activer l'esprit.

Pourquoi m'y intéresser, quand je ne m'intéressais pas non plus à mes propres sentiments, inquiétudes et intentions !

Le connu de la mémoire empêche de comprendre le présent, le sentiment d'être

Ma raison et ma mémoire séparaient la relation, mais en acceptant cela, j'ai fait entrer en existence dans mon esprit, un choix libre qui m'a permis de prendre conscience qu'utiliser la raison et la mémoire dans les relations ne fonctionnaient pas pour vivre des relations aimables et harmonieuses.

Le connu ne peut pas comprendre ce qui est inconnu, car pour y arriver, il faut que le connu disparaisse et fasse place à l'intention de comprendre ce qui est inconnu.

La vérité la plus simple à observer est que chaque personne est nouvelle à chaque instant et l'aborder avec une pensée connue, c'est oublier le présent, oublier les sentiments et les intentions présents, en pensant au passé ou en pensant au futur, qui est aussi le même passé que l'on voudrait continuer.

Pourquoi ne pas accepter que certains de nos choix passés et ceux des autres ont été moindres et que maintenant, nous pouvons faire un nouveaux choix plus élevés ?

Pour cela, il faut accepter et comprendre que nier ou juger les gens, au moyen de la raison, ne fonctionne pas pour bien s'entendre.

Se faire confiance, c'est accepter que nous évoluons par nos choix moindres, par nos erreurs, car sans elles, il est impossible de faire des choix plus élevés.

Et la raison n'accepte pas cela et ainsi nous piéger en résistant à cette vérité et garder en place, cette peur qui n'accepte pas les erreurs.

Jour 14 : La raison n'est pas notre esprit, mais notre égo

Lorsque j'ai raison et que vous avez tort, ne suis-je pas en train de penser à mes intérêts égoïstes, peu importe les vôtres ?

Ne trouvez-vous pas que la raison divise nos relations et crée bien des problèmes sur cette planète ?

Si vous observez directement la réalité, il est évident que vouloir gagner une discussion, avoir le dernier mot, être supérieur à l'autre, juger l'autre, critiquer l'autre, ridiculiser l'autre, se comparer avec l'autre, est manifestement ce que la raison est.

J'observe que la raison est une **forme de pensée** que nous inventons afin de compenser notre oublie, notre manque de conscience de se connaître, de connaître notre véritable pouvoir de notre esprit.

Cet esprit créatif, intuitif, imaginatif, logique et émotif qui vit dans le présent et cette raison qui vit dans le passé en cherchant à le faire continuer dans le futur.

Et si la raison n'était que notre égo, ce que notre esprit n'est pas ?

Comprendre la raison telle qu'elle est

Selon le site Wikipédia, la raison est généralement considérée comme une faculté propre de l'esprit humain dont la mise en œuvre lui permet de fixer des critères de vérité et d'erreur, de discerner le bien et le mal et aussi de mettre en œuvre des moyens en vue d'une fin donnée. Elle permet donc de diriger la volonté.

Mais la question essentielle est celle-ci : Sommes-nous nés avec une raison ou bien cela a été créé à partir du jugement, de la négation et du bien paraître depuis notre naissance ?

Pour moi, je ne m'intéresse pas aux gens instruits par l'accumulation de mots sans expérience propre, sans sagesse, sans conscience d'eux et qui cherchent à avoir raison, à donner tort aux autres afin de pouvoir contrôler, se croire supérieur et obtenir leurs désirs égoïstes sans égards aux sentiments des gens.

La définition de la raison, que nous trouvons partout, est bien celle inventée par des esprits inconscients et qui cherchent à tout connaître de la vie, sauf la leur.

De tout connaître sur les autres et ainsi oublier de se connaître d'abord.

J'observe que la raison est composée de 5 fausses et profondes croyances.

1. La raison permet de fixer des critères de vérité

Cela est tout à fait faux, car ce sont nos sentiments qui permettent de fixer nos propres critères de vérité et non les autres. Quand vous avez mal, c'est que c'est mal pour vous. Ce qui est vrai pour vous est ce que vous sentez.

Combien de parents ont-ils affirmé à leurs enfants que ce qu'ils leur faisaient étaient bien pour eux et pourtant, cela leur faisaient du mal !

C'est en niant vos sentiments que vous commencez à douter de vous, à oublier qui vous êtes et ainsi ne pas avoir confiance en vous.

Vous cherchez ensuite chez les autres, une forme de réconfort, d'approbation dans leur raisonnement et il suffit d'être d'accord avec eux pour être conforme en toute sécurité et éviter que l'autre retire leur amour pour vous.

Ainsi, la raison permet d'oublier qui vous êtes au moyen du reniement de soi, de vos sentiments.

Vous avez été conditionné à croire que ce qui importe dans la vie est toujours la raison du plus fort, du plus instruit, du plus riche ou du plus habile.

2. La raison permet de fixer des critères d'erreurs

Cela est tout à fait faux, car nos erreurs ne sont que des choix qui n'ont pas fonctionnés selon ce que nous désirons réaliser.

Ainsi, nos erreurs sont des choix d'expériences qui nous rapprochent du succès, de la réussite visée.

Mais en fixant des critères d'erreurs, les gens imposent des règles pour nous contrôler à faire ce qu'ils veulent. Ainsi, nous acceptons des limites qui nous empêchent d'avoir de l'initiative personnelle en créant en nous, le doute ou la peur.

Ainsi, la raison permet de nous contrôler au moyen des règles à suivre.

Nous avons été conditionnés à croire que ce qui importe dans la vie est toujours la raison du plus fort, du plus instruit, de plus riche ou du plus habile.

3. La raison permet de discerner le bien et le mal

Cela est tout à fait faux, car qui établi ce qui est bien ou mal pour vous ? Toutes les choses mal qui arrivent sont vos propres choix. La faute n'est pas de les avoir choisies, mais de les qualifier de mal.

Car en les qualifiant de mal, vous dites que vous êtes mal ou mauvais, car c'est vous qui les avez créées inconsciemment ou consciemment.

Mais en acceptant les conclusions des gens de ce qui est bien ou mal pour vous, alors vous acceptez leur jugement et ainsi vivre dans la culpabilité qui ne fait que de vous détester.

Ainsi, la raison permet de ne pas vous aimer au moyen du jugement et chercher l'amour des autres pour compenser.

Vous avez été conditionné à croire que ce qui importe dans la vie est toujours la raison du plus fort, du plus instruit, du plus riche ou du plus habile.

4. La raison permet de mettre en œuvre des moyens pour une fin donnée

Cela est tout à fait faux, car la création est toujours quelque chose de neuf, d'unique et alors, c'est l'imagination ou l'intuition, la logique et l'émotion qui permettent de réaliser nos intentions.

La mémoire permet de refaire les mêmes choses que l'on connaît, mais quand il s'agit de créer quelque chose de nouveau, d'être nouveau, alors le passé fait obstacle à l'originalité et à la nouveauté du présent.

Ainsi, la raison permet d'imiter les autres et ne jamais sentir la joie de la véritable création et ainsi ne jamais s'aimer au travers la création consciente.

Vous avez été conditionné à croire que ce qui importe dans la vie est toujours la raison du plus fort, du plus instruit, du plus riche ou du plus habile.

5. La raison permet de diriger

Effectivement, elle permet de contrôler les autres au lieu de comprendre que notre nature à tous est la liberté de choix. C'est l'intention qui dirige vos vies par la liberté de choisir en toute conscience et non l'inconscience par l'absence de choix.

Vous n'attendez pas de faire votre propre expérience, vous acceptez l'expérience et les connaissances des autres comme un évangile.

Si vous n'aviez pas fait ça, vous auriez peut-être une expérience entièrement différente, une expérience qui donnerait tort à votre maître ou source originelle. Dans la plupart des cas, vous ne voulez pas donner tort à vos parents, à vos écoles, à vos religions, à vos traditions, à vos textes sacrés, alors vous niez votre propre expérience en faveur de ce qu'on vous a dit de penser.

Ainsi, la raison vous dit quoi penser et non comment penser afin de conditionner votre esprit, conditionner cet outil formidable de la création en un simple outil d'imitation selon ce que les autres vous ont dit de penser.

Vous avez été conditionné à croire que ce qui importe dans la vie est toujours la raison du plus fort, du plus instruit, du plus riche ou du plus habile.

Qu'est-ce que la raison au juste ?

La raison est simplement l'esprit contraire de ce que nous sommes, donc l'égo.

Il est essentiel de ne pas juger l'égo ou la raison, car il nous donne un libre choix entre cette façon de penser conditionnée et une autre façon de penser, car faute de choix, aucun choix n'est possible.

Jour 15 : L'expression d'un sentiment est l'émotion

Si je désire savoir ce qui est vrai pour moi, en ce qui concerne quelque chose, alors j'observe comment je me sens par rapport à cela.

Ma vérité, mon ultime vérité, se trouve toujours dans mes sentiments les plus profonds. Il s'agit de bien discerner ces sentiments avant de les exprimer hors de moi, au moyen de mes émotions.

J'observe aussi qu'un ressentiment n'est pas un véritable sentiment, mais une pensée à propos d'un sentiment passé.

Ainsi, un ressentiment n'est pas ce qui est vrai pour moi à cet instant, car il n'y a pas de vieux sentiment. C'est une réaction de ma mémoire.

Être attentif à soi, c'est observer ses sentiments avant de les exprimer

Lorsque je suis attentif à mes sentiments dans une relation, alors je peux être conscient des sentiments des autres, et ainsi m'exprimer par des émotions naturelles, donc selon ce que je suis.

Mais si j'oublie mes sentiments dans une quelconque relation, il est certain que je ne suis pas conscient des sentiments des autres, alors je pourrais exprimer des émotions non naturelles, vouloir avoir raison, donc ce que je ne suis pas et ainsi causer des conflits.

Peu importe les sentiments présents, personne ne peut m'enseigner ni m'éduquer à être attentif à moi, il suffit de m'observer.

Et si je ne suis pas attentif, c'est tout simplement que j'ai été conditionné par mon environnement à ne pas m'intéresser à moi, à oublier de me connaître et mettre l'importance sur le fait de gagner, d'être plus important que les autres au moyen de la raison.

La peur de dire nos sentiments

En lisant toute sorte de livres et de textes provenant de personnes instruites et en observant la plupart des gens, je me suis rendu compte, que personne ne parlait de leurs propres sentiments.

Moi non plus, et ma réaction dans les relations était souvent comme eux, en évitant de dire ce que j'aime ou n'aime pas, ce que je sens de bien ou de mal.

Par habitude, je ne disais pas mes vérités, mais je les cachais, je refoulais mes sentiments, car j'avais peur de m'abaisser, de ne pas être à la hauteur, à bien paraître.

Lorsque quelqu'un me disait une chose désagréable à mon sujet, ma réaction était de me défendre ou l'attaquer, mais jamais dire comment je me sentais ni vouloir le comprendre en posant une question.

Ainsi, au lieu d'accepter mon sentiment, je le niais et au lieu de comprendre l'autre, je le jugeais ou me justifiais avec la raison.

L'autre réagissait à ma réaction malavisée et le conflit continuait ou augmentait.

En fait, chacun cherchait à gagner, à avoir le dernier mot pour ne pas perdre la face, se sentir moindre.

Tout le monde fait cela, et ensuite on se demande pourquoi, il est si difficile de se comprendre et bien s'entendre. Chacun désire avoir raison... et chacun veut donner tort à l'autre.

S'abaisser avec confiance pour se faire élever

Pourtant, c'est en s'abaissant que les gens nous élèvent et en voulant s'élever sur eux, être meilleur qu'eux, alors les gens nous abaissent.

S'abaisser ne veut pas dire d'être inférieur, mais d'être honnête, de dire notre vérité et chercher à comprendre la réaction de l'autre afin de savoir si nous avons fait quelque chose qui l'a blessé.

Parce que nous n'avons jamais expérimenté cette situation, nous ne pouvons pas connaître laquelle des deux vérités nous fait le plus grand bien.

Nous avons été manipulés, conditionnés à croire aux autres par la peur et le jugement, au lieu de croire en nous, de croire en nos sentiments, nos vérités et se faire confiance.

Et lorsque nous vivons, sans s'en rendre compte, dans la peur et le jugement, alors notre esprit ne fonctionne plus, mais uniquement la raison, qui est une mémoire morte dans la division, dans le manque d'amour.

Nos sentiments et nos émotions sont les choses les plus importantes à observer

Je suis conscient que mes sentiments, bien ou mal, ne sont pas mes émotions. Mon sentiment n'est pas un ressentiment (ou ressenti), car cela est quelque chose que j'ai déjà senti et que je reconnais. Donc cela est la mémoire d'une expérience passée, donc une pensée encore une fois.

L'ensemble de mes sentiments vécus m'apportent une plus grande conscience de moi et aussi une plus grande compassion envers les autres.

Mes émotions sont des énergies en mouvement qui expriment mes états d'être, mes sentiments.

Par exemple, si je me sens triste, j'ai un sentiment de tristesse et alors je l'exprime au moyen de la peine.

Ma vérité est présente par mon sentiment de tristesse, je suis cela, mais au devant des autres, j'ai souvent eu peur d'exprimer cette peine, car on m'a habitué à la refouler, la contrôler, la retenir, afin de ne pas noircir mon image, d'être à la hauteur, de bien paraître.

Comme si c'était mal de pleurer ! La raison cherche le jugement, mais l'esprit cherche la compréhension.

L'émotion est l'énergie de l'esprit pour s'exprimer et ainsi faire des actions avec notre corps à partir des désirs de l'âme ou contre elle.

La raison tue toute émotion naturelle, donc toute vérité et action

Si je ne suis pas conscient des désirs de mon âme, de mes sentiments, alors mes émotions exprimées ne sont pas naturelles et je peux créer inconsciemment, des problèmes aux autres et à moi.

Je peux réagir sans considérer les sentiments et intentions de l'autre ou je peux réagir en voulant contrôler l'autre avec la raison.

Donc, si je n'exprime pas mes émotions en toute conscience, alors je suis en contradiction avec mon âme et mon esprit.

Je suis pour ainsi dire, dans le désordre en utilisant ma raison et ainsi juger les émotions de mal et nier les sentiments.

Vouloir avoir raison dans les relations est la preuve, la démonstration d'une pensée égoïste qui oublie sa nature, qui oublie ses émotions, afin de contrôler les autres, car elle a peur d'agir et faire des erreurs, qui sont les étapes de toute réussite.

Jour 16 : Les 5 émotions naturelles

Toutes mes émotions débutent par un sentiment de bien (amour, conscience, confiance, choix libre, bien-être) ou un sentiment de mal (peur, inconscience, inconfort, inquiétude, malaise) et s'expriment hors de moi, au moyen de ma pensée (ma mémoire).

Mon âme est liberté, choix, conscience, connaissance intuitive, sentiment d'être, unité, justice, amour. Mais si mes intentions ou mes expressions correspondaient à ceux de mon âme, tout serait très simple.

Si j'écoutais la partie de moi-même qui est âme pure, qui est sentiment pure, toutes mes décisions seraient faciles à prendre et tous les résultats magnifiques.

En vérité, mes décisions sont difficiles, car la plupart sont prises par ma pensée conditionnée par l'obéissance, la peur et la culpabilité depuis mon enfance.

Les adultes ne m'ont jamais enseigné, par l'exemple, comment ils ont pris conscience de leur nature, leurs sentiments, leurs émotions, leurs passions, donc de se connaître.

Ils ont plutôt voulu me contrôler par l'obéissance afin d'obtenir quelque chose de moi, d'obtenir la satisfaction de leur désir égoïstes, sans égard à moi.

Voici ce que j'observe et ce que j'ai expérimenté concernant mes 5 émotions naturelles pour exprimer et créer la vie que je désire.

1. LA COLÈRE

La colère est une émotion tout à fait naturelle. C'est l'émotion qui me permet de répondre « non merci », de dire « c'est assez l'abus », « je n'aime pas cela ». Elle n'a pas à être offensante et ne doit jamais blesser ou nuire à quelqu'un. Lorsque les autres abusent de moi, la colère me fait dire d'arrêter, que cela suffit.

Si on m'avait laissé exprimer ma colère, alors une fois adulte, j'aurais eu un comportement très sain à ce sujet et j'aurais surpassé très vite ma colère.

Mais on m'a fait sentir que la colère n'était pas bien, pas avisée ou incorrecte et qu'il était très mauvais de l'exprimer, que je ne devais même pas la ressentir et ainsi avoir des contraintes, une fois devenu adulte, à la comprendre d'une façon appropriée.

Ma colère sans cesse refoulée est devenue de la fureur, de la vengeance et de la rage, qui sont des émotions aucunement naturelles. À cause de cela, j'ai causé des torts et des conflits qui n'ont pas toujours apporté de l'harmonie dans mes relations.

2. LA PEINE

La peine est une émotion tout à fait naturelle. C'est l'émotion qui me permet de faire mes adieux quand je ne le veux pas. Cette peine laisse exprimer la tristesse que j'éprouve lors d'une perte de quelque chose ou de quelqu'un.

Si on m'avait laissé exprimer ma peine, alors une fois adulte, j'aurais eu un comportement adéquat à ce sujet et j'aurais surpassé rapidement ma tristesse.

Mais on m'a dit souvent, qu'il n'était pas bien de pleurer, et une fois adulte, j'ai eu de la difficulté à pleurer. J'ai appris à cacher ma peine pour me montrer fort au devant des autres, au lieu de me montrer vrai.

Ma peine continuellement refoulée est devenue de la dépression, du déchirement, du chagrin et de la mélancolie chronique qui sont des émotions aucunement naturelles. À cause de cela, j'ai causé des torts et des conflits qui n'ont pas toujours apporté de l'harmonie dans mes relations.

3. L'ENVIE

L'envie est une émotion tout à fait naturelle. C'est l'émotion qui me pousse à faire une action, à créer quelque chose. C'est de voir les gens se faire des caresses et ainsi avoir envie de faire des caresses. Le désir ou l'envie est l'émotion naturelle qui me permet de faire ou refaire une chose, de persévérer dans l'effort, de continuer à agir jusqu'à ce que j'y arrive. Il est très sain et très naturel d'être envieux.

Si on m'avait laissé extérioriser, affirmer ou exprimer mes désirs, alors une fois rendu adulte, j'aurais eu un comportement très sain et ainsi dépasser facilement mes envies.

Mais on m'a dit qu'il n'était pas bien de sentir de l'envie, qu'il était incorrect de l'exprimer, de le démontrer, que je ne devais pas envier personne ni même ressentir cela. Cependant, une fois adulte, j'ai eu des problèmes à comprendre mes envies, mes désirs d'une façon responsable et parfaite.

Mon envie continuellement refoulée est devenue de la jalousie, de la rivalité et de la compétition qui sont des émotions qui ne sont pas du tout naturelles. À cause de cela, j'ai causé des torts et des conflits qui n'ont pas toujours apporté de l'harmonie dans mes relations.

4. LA PEUR

La peur est une émotion tout à fait naturelle. C'est l'émotion qui me permet d'agir avec prudence. Tous les nouveau-nés arrivent dans ce monde avec deux peurs. Celle de tomber et celle des bruits forts. Toutes les autres peurs sont des réactions que j'ai apprises et, développées par mes parents.

Si on m'avait laissé extérioriser, affirmer ou exprimer mes peurs, mes craintes, alors j'aurais eu uniquement ces deux peurs dans ma vie et intégrer un peu de prudence à garder mon corps en vie.

Mais on m'a dit qu'il n'était pas bien de sentir de la peur, qu'il était mal de la sentir et que je devais m'en abstenir d'en parler, alors une fois rendu adulte, j'ai eu de la gêne et de la difficulté à comprendre et être en contact avec mes peurs de façon appropriée.

Ma peur continuellement refoulée ou cachée est devenue de la panique, de la terreur et de l'anxiété qui sont des émotions pas du tout naturelles. À cause de cela, j'ai causé des torts et des conflits qui n'ont pas toujours apporté de l'harmonie dans mes relations.

5. L'AMOUR

L'amour est une émotion tout à fait naturelle. C'est l'émotion qui me pousse à me rapprocher des autres, à faire des actions aimables sans rien recevoir en retour ni en échange.

Si on m'avait laissé extérioriser ou exprimer mon amour, et le recevoir sans limites, sans conditions, sans obligation, sans pudeur et sans honte, alors je n'aurais rien exigé ni besoin de retour des autres en échange, car la joie de l'amour exprimé et reçu de cette façon, se suffit à lui-même.

Mais on m'a dit qu'il n'était pas bien de sentir de l'amour de cette façon, que l'amour a des conditions, des limites, des règles, des traitements de faveur, des codes moraux, des restrictions, des manipulations et des retenus. Une fois rendu adulte, j'ai eu de la difficulté à aimer de façon juste et consciente.

Mon amour sans cesse refoulée, retenue et cachée est devenu de la possessivité, de l'exclusivité et de l'égoïsme inconscient, qui sont des émotions qui ne sont pas du tout naturelles. À cause de cela, j'ai causé des torts et des conflits qui n'ont pas toujours apporté de l'harmonie dans mes relations.

Choisir mes sentiments avant de les exprimer par les émotions

J'ai enfermé, séquestré mes cinq émotions naturelles, je les ai retenues, contrôlées, refoulées, et ainsi les changer en émotions non naturelles, ce qui a créé tous mes problèmes dans les relations.

Les gens instruits, bien intentionnés, mais surtout mal informés par un conditionnement de leur pensée, m'ont fait croire de maitriser mes émotions au lieu de les comprendre et de les utiliser.

Leur modèle est de ne pas céder à mes émotions, si j'ai de la peine, alors refoule-là, maîtrise-la. Si je ressens de la colère, alors contrôle-là. Si je ressens de l'envie, aies-en honte. Si je ressens de la peur, passe par-dessus. Si je ressens de l'amour, contrôle-le, limite-le, garde-le et fais tout ton possible pour éviter de l'exprimer.

Je me suis libéré de l'emprise de ce conditionnement en acceptant sans jugement, que j'ai été conditionné à obéir par la peur et la culpabilité.

Mes émotions sont des cadeaux de la vie pour créer mon expérience librement en prenant conscience de mes sentiments en premier.

Si je me sens mal, je n'exprime pas ce sentiment hors de moi, mais je choisis de l'accepter et le comprendre afin de faire entrer en existence, un tout nouveau sentiment qui est bien.

Jour 17 : L'erreur de contrôler nos émotions

Est-ce que la véritable maîtrise n'est pas de cacher et oublier quelque chose, mais de comprendre et utiliser cette chose ?

Combien de fois, avons-nous lu et entendu dire, qu'il était important de maîtriser, de gérer, de contrôler nos émotions ?

Et qu'il était mal de les exprimer, de les extérioriser ?

Mais est-ce possible de maîtriser quelque chose que l'on ne connait pas, que l'on ne comprend pas soi-même et que nous n'en soyons pas conscients ?

Comment les gens en sont venus à croire que cela est bien de contrôler nos émotions ?

Ne vous fiez jamais aux gens rationnels

Si vous observez très attentivement ceux qui parlent de maîtriser les émotions, ils sont en général des gens rationnels, des gens introvertis, des gens d'une froideur morbide qui ont perdu tout contact avec eux-mêmes.

Ils vont en manque vers l'extérieur d'eux !

Ils compliquent les choses en croyant utiliser plus de mots pour tenter de montrer leur éducation, leur complexité, leur importance, se donner raison et ainsi diviser les relations.

C'est la démonstration d'une personne primitive que d'imaginer que la simplicité est barbare et que la complexité est hautement avancée.

C'est aussi la démonstration d'une personne qui ne sait pas ce qu'est l'amour et la justice en croyant qu'il y a des êtres supérieurs.

Il est intéressant de voir que ceux qui se croient hautement évolués, que c'est justement le contraire.

La peur d'entacher leur image, leur égo

Quand nous avons peur d'agir, alors il ne nous reste plus qu'à ordonner aux autres d'agir par la peur et la culpabilité afin de satisfaire nos intérêts uniquement.

Cette peur provient du contrôle de nos émotions et ce contrôle provient de l'inconscience de soi, l'inconscience de nos sentiments.

Remplir la mémoire de mots ne crée pas grand-chose et ne peut pas nous libérer de nos peurs.

Croyez-vous que nier ses propres émotions naturelles soit quelque chose d'intelligent ?

Croyez-vous que refouler ses émotions naturelles soit quelque chose d'intelligent ?

La raison n'est pas une faculté de l'esprit, c'est de la mémoire du passé rien de plus. Une encyclopédie de mots qui cherche le jugement pour produire de la culpabilité chez les autres.

Les gens rationnels ont tellement peur de faire une erreur, une faute, qui pourrait entacher leur image, leur apparence de « supériorité », qu'ils ont inventé le refoulement des émotions pour se justifier et cacher leur peur d'accepter leurs erreurs et agir différemment dans leurs relations.

Comme ils ont peur de faire des actions, alors ils cherchent à contrôler et dominer les êtres humains pour qu'ils agissent à leur place. En fait, ils veulent que vous ne fassiez rien de vous-même, que vous les écoutiez, les obéissiez, et ainsi vous contrôler à faire ce qu'ils veulent.

Voilà pourquoi, ils disent de maîtriser nos émotions, donc de les refouler au lieu de les comprendre et les canaliser vers nos propres intérêts et non les leurs.

Ils ont peur d'agir et de se tromper, et cela est difficile pour un rationnel, qui en vérité, ne fait jamais d'erreur à ses yeux, il est beaucoup trop intelligent et meilleur que nous !

Les conséquences de maîtriser nos émotions

Vous voulez maîtriser vos émotions ?

Alors attendez-vous à une vie monotone, sans joie, sans création, sans unité, sans amour.

De vivre dans l'isolement de votre pensée rationnelle qui ne comprend rien de votre nature.

Enseigner aux enfants par la peur et la culpabilité à refouler, contrôler ou gérer leurs émotions revient à dire de ne pas vivre une vie joyeuse, libre, juste et en harmonie avec les autres.

Et malheureusement, ces enfants sont devenus des adultes qui ont été obligés, par la peur et la culpabilité, de répéter les mêmes comportements que leurs prédécesseurs.

Ne croyez-vous pas qu'il soit beaucoup plus difficile de libérer quelqu'un que de le dominer ?

Quand on contrôle quelqu'un, on obtient ce qu'on veut. Quand on le libère, il obtient ce qu'il veut.

La véritable maîtrise n'est pas de cacher et oublier quelque chose, mais de comprendre et utiliser cette chose.

Jour 18 : La meilleure décision pour nous est celle qui est vraie

Est-ce que le seul péché est celui de devenir ce que nous sommes selon la parole des autres ?

Avez-vous observé que la plupart de nos décisions ont été prises par les autres ?

Par nos parents, nos enseignants, notre religion, nos politiciens, notre conjoint, etc. Nous les avons ensuite fait nôtres concernant nos « vérités » sans les choisir ni les comprendre nous-mêmes.

Rarement, nous avons pris nos propres décisions.

Pourtant, ne sommes-nous pas venus en ce monde pour décider de nos propres expériences et ainsi évoluer en connaissance et en amour de soi ?

Mais en vérité, nous ne pouvons pas évoluer à partir de la parole des autres qui est rempli de jugement, de négation et de contrôle. Cela n'est pas la liberté !

Par conséquent, s'il y avait qu'une seule faute, un seul péché, alors il serait celui de devenir ce que nous sommes selon la parole des autres.

C'est la faute que nous avons faite. Nous tous.

Avons-nous peur de l'autorité qui juge ?

Quand j'étais petit, mes parents étaient les Dieux de mon univers et pourtant, ma mère m'a souvent blessé avec ses jugements et ses punitions. Ensuite, les professeurs ont pris la relève.

Sans m'en rendre compte, je construisais ma façon de pensée, mes profondes croyances et mes valeurs sur le jugement des autres qui produisait en moi, de la culpabilité et ainsi avoir peur de l'autorité qui juge.

Évidemment, je comprends aujourd'hui, que ma mère et les professeurs avaient eux aussi, été conditionnés à ces valeurs.

Mais les habitudes se sont tout de même installées dans ma pensée à mon insu.

Est-ce que vos parents et vos professeurs vous ont dit de faire ou ne pas faire ceci ? Que cela était mal, incorrect, négatif ou égoïste ?

J'ai été puni en de nombreuses occasions et j'ai senti les douleurs des punitions, sans me faire expliquer les situations. Je voulais comprendre.

Ceux qui obéissaient n'étaient pas punis et avaient des récompenses, des traitements de faveur, de l'approbation. Ils ne voulaient pas comprendre, mais se soumettre à l'autorité sans poser de questions.

Une fois adulte, le mal était déjà fait !

En devant adulte, j'ai pris conscience de ce qui se passait vraiment, mais le mal était déjà fait, était déjà bien installé dans mes croyances, dans mes valeurs, dans ma façon de penser.

Ce sont mes nombreux problèmes qui m'ont permis de me réveiller, de me comprendre d'abord et ensuite d'avoir l'intention de comprendre les autres afin de pouvoir décider avec justesse.

J'observe que la plupart des gens, moi compris, font exactement le contraire en cherchant à comprendre les autres, mais sans se comprendre d'abord.

Je devais reconnaître ma peur du jugement des gens depuis mon enfance. Ce qui m'empêchait de prendre mes décisions concernant mes propres expériences et accepter mes sentiments afin de valider ce qui est bien ou mal pour moi.

Nous avons rejeté nos vérités en faveur des « fausses vérités » des autres !

Nous avons peur de faire nos propres expériences, et nous acceptons la parole des autres comme une vérité, une certitude.

Puis, lorsque nous expérimentons personnellement une situation, alors nous mettons de côté notre vérité, notre sentiment, afin d'adhérer à ce que nous pensons déjà savoir à ce sujet. Ce savoir venant des autres qui ne connaissent pas leur propre vérité au moyen de leur propre expérience.

Ils font la propagande des idées des autres, mais jamais la propagande de leurs expériences ni de leurs sentiments véritables.

En fait, parce que nos propres expériences ont révélé quelque chose de différent des paroles des autres, alors nous nions nos propres vérités.

Dans la plupart des cas, nous ne voulons pas donner tort à nos parents, à nos écoles, à nos politiciens, à nos textes sacrés, alors nous nions notre propre expérience en faveur de ce qu'on nous a dit de penser.

Il n'y a rien de mauvais, de mal en cela. Mais on nous a tellement inculqué les enseignements des autres à ce sujet, que nous avons rejeté notre propre expérience en faveur de leur « fausse vérité ».

Ayant fait nôtre cette « vérité », nous avons produit des pensées qui sont créatrices et les conséquences en sont désastreuses. Nous avons oublié de connaître la personne la plus importante de notre vie. Soi-même !

Nos vérités ne nous tromperons jamais

La meilleure décision pour nous est celle qui est vraie pour nous, même si nous ne le croyons pas.

Avoir raison est une croyance de la pensée mécanique par l'obéissance, la peur, la culpabilité et les conditions des autres depuis notre naissance, tandis que nos sentiments ne se trompent jamais.

Mais croire est aussi ce qui lance toute expérience. Ainsi, il est d'une grande importance de croire que nos croyances ne sont pas toutes pour notre bien-être et ainsi ouvrir notre esprit à créer de nouvelles pensées, de nouvelles croyances par nos choix libres et non par l'obéissance imposée.

Nos sentiments sont ce que nous sommes à chaque instant et les oublier, c'est oublier qui nous sommes et prendre une décision à partir de qui nous ne sommes pas. Et nous ne pouvons pas choisir consciemment, si nous n'avons pas de choix entre qui nous sommes et qui nous ne sommes pas !

Pour savoir ce qui est vrai pour nous, il faut observer nos sentiments, observer ce sentiment par rapport à quelque chose ou quelqu'un.

Prendre une décision lorsque notre sentiment est bien et ne jamais décider à partir d'un sentiment mal.

Jour 19 : Le contrôle est un pouvoir égoïste et séduisant

Nous sommes nés avec le pouvoir, avec la capacité de concevoir, créer et réaliser tout ce que nous imaginons être, faire et avoir.

Voilà ma véritable nature, la promesse de mon Dieu, et non celle inventée par ceux qui n'ont jamais pris la peine de se connaître et tentent de me dire qui je suis depuis ma naissance.

Notre monde est rempli de ce genre de personnes que nous écoutons sans poser de questions ou qui ne veulent pas que nous posions de questions !

Ils sont plutôt obsédés à nous contrôler afin d'arriver à leurs fins et jamais connaître notre véritable pouvoir de création, notre nature divine, et eux non plus. C'est ainsi que les divisions se forment dans toutes les relations et ensuite dans la société.

L'obsession de vouloir contrôler

Le contrôle sur les gens fait partie du processus en cause qui crée tout désaccord, toute dispute, toute division, toute guerre, afin d'obtenir ce que l'on veut sans se soucier des autres.

Comme si leurs intérêts étaient plus importants que les nôtres et ainsi croire, qu'ils peuvent nous obliger à se soumettre à eux par la peur et la culpabilité sous toutes leurs formes.

Mais il y a quelque chose de malheureux chez ceux qui sont obsédés par le contrôle sur les gens.

Ils ne sont pas conscients de leurs intentions, de ce qui les motive à réagir de cette façon, tout comme moi auparavant.

Quelle est l'intention qui se cache à vouloir le pouvoir sur les gens ?

Aussi bien le politicien que la mère de famille, chacun cherche le pouvoir sur les gens afin de se croire supérieur, se sentir plus important en abaissant les autres à un niveau inférieur.

Et il y a ceux qui cherchent à contrôler de plus en plus de monde afin de croire que de cette façon, ils seront des gens plus importants que les autres, de grandes personnes, des gens célèbres, reconnus, etc.

Notre éducation, nous à fait croire, dès notre jeune âge, que la compétition, donc le fait d'être meilleur que les autres, de faire partie des gagnants, de se réaliser individuellement, que la raison du plus fort est la meilleure, alors on s'efforce d'atteindre ces idéaux.

Par exemple, s'il y a 50000 coureurs d'un marathon, alors nous avons les yeux uniquement sur le premier, sur le gagnant qui reçoit toutes les récompenses, la reconnaissance, et au diable les autres.

Cela n'a pas de bon sens !

Pouvons-nous mettre le regard sur nous-mêmes ?

Ce qui compte maintenant est de s'observer afin de voir si nous aussi, ne faisons pas la même chose. D'accepter cela, car nous avons été conditionnés à vivre ainsi.

Moi, je l'ai été, je l'ai fait.

En fait, la quête du pouvoir sur les gens est la démonstration que nous ne nous connaissons pas, que nous ne connaissons pas notre propre pouvoir et ainsi compenser à ce que les autres reconnaissent notre importance, notre supériorité, notre gloire, notre grandeur au devant d'eux.

Nous croyons que la seule façon, la seule solution d'être importants, de s'aimer, est de contrôler, manipuler et utiliser les gens à réaliser nos souhaits.

La comparaison avec les autres est une preuve d'un manque d'amour de soi

Cette importance, cette grandeur se mesure par la comparaison avec les autres. De finir premier sur 50000 personnes et recevoir la gloire des centaines de milliers qui nous regardent.

Plus il y a de gens qui nous reconnaissent, plus nous croyons être importants, être meilleurs, être dignes d'être aimés.

En vérité, nous pouvons être aimés par des milliards de gens, mais rien au monde ne peut remplacer l'amour que nous avons pour nous.

Au fait, parce que nous n'avons pas d'amour pour soi, alors on cherche à compenser chez les autres.

La connaissance de soi ouvre la voie à l'amour de soi

Cet amour de soi débute par la connaissance de soi, par l'intérêt ou la passion que nous nous portons de façon consciente.

Et si vous êtes un peu comme moi, rien dans mon éducation, dans mes traditions, dans mes coutumes, m'ont fait prendre conscience de me connaître.

On n'a plutôt mis l'importance de reconnaître, de respecter, de glorifier les gens les plus importants par leur titre, leur gain, leur bien, leur performance ou leur popularité.

Voilà la plus grande illusion.

On parle rarement du plus aimable, du plus sage ou du plus conscient !

Cependant, le véritable pouvoir n'est pas le pouvoir sur les gens, mais bien le pouvoir avec les gens. Le pouvoir de s'aimer et ainsi pouvoir aimer les autres sans rien vouloir en retour.

L'amour n'existe pas dans le pouvoir sur les autres

Contrôler les autres est un faux pouvoir qui séduit les gens qui n'ont aucune conscience d'eux, peu importe leur richesse ou leur pauvreté.

Et ne pas avoir conscience de soi, c'est ne pas avoir d'amour, de joie, de paix, de justice et de bonté dans notre cœur.

Plus jamais, je ne vais me fier aux apparences, car ceux qui parlent souvent d'amour, de joie, de paix, de justice, de bonté, sont ceux qui ne font pas de gestes, donc qui n'ont aucune expérience et sentiments vrais.

On va toujours en manque vers l'extérieur afin de prouver le contraire afin de bien paraître.

Je suis né avec le pouvoir, avec la capacité de choisir la vie qui m'intéresse et tous les autres êtres humains également.

Par conséquent, personne n'est supérieur à un autre. Nous sommes tous égaux et nous nous exprimons différemment afin d'être une meilleure personne à nos yeux que nous l'étions hier !

L'amour est le pouvoir avec les autres, non le pouvoir sur les autres, et je suis ce pouvoir.

L'enfer est de l'oublier selon une force contraire, une force autoritaire qui m'emprisonne contre ma volonté !

Jour 20 : L'autorité est la voix de ce que l'amour n'est pas

Détestez-vous être contrôlé dans vos relations !

Êtes-vous fatigué, tanné que l'on vous dise quoi faire sans votre consentement ?

La plupart des gens sont comme vous, mais si vous ne changez pas votre conscience, jamais vous n'allez connaître votre véritable pouvoir et ainsi vivre dans les limites et les ordres qu'on vous impose pour le restant de votre vie.

Heureusement, c'est en acceptant et en comprenant ce qu'est l'autorité, que vous aurez un nouveau choix à votre portée !

L'autorité est une invention de l'homme

Comme il est merveilleux de donner des ordres aux gens, peu importe lesquels, afin d'avoir une sensation de grandeur, d'importance, de supériorité !

Comme il est agréable, d'obéir à l'autorité et ainsi ne jamais réfléchir ni décider pour soi, puis d'accuser les autres pour les problèmes qui nous arrivent ou de glorifier leur égo si tout va bien !

L'autorité est une invention de l'homme inconscient de lui-même pour exercer le contrôle sur les gens afin de satisfaire ses intérêts personnels tout en faisant croire aux autres, que c'est bien pour leur bien.

Voilà le plus grand obstacle qui nous empêche de se connaître et évoluer en des versions de plus en plus magnifiques de qui nous sommes.

L'autorité est un choix moindre

Le pouvoir sur les gens au moyen de l'autorité est un choix moindre, un choix primitif, car c'est la voix qui exprime le manque de conscience, la peur d'agir et l'absence d'initiative personnelle, en nous imposant des limites et des ordres sans notre consentement.

Cependant, plus nous acceptons et comprenons ce qu'est l'autorité et plus notre esprit s'ouvre à connaître son contraire et ainsi choisir ce qui est le mieux pour nous, selon nous.

Notre sentiment est notre vérité de ce qui est le mieux pour nous !

Par ailleurs, sans un choix moindre, il est impossible d'avoir un choix plus élevé et ainsi être piégé dans une profonde habitude inconsciente, que l'autorité est la seule chose qui existe dans notre réalité.

En l'absence de choix, aucune conscience de choisir ne peut exister.

Donc, il est essentiel d'accepter et de comprendre l'autorité, car si nous la nions ou la jugeons, alors cette résistance la gardera en place avec plus de fermeté dans notre esprit en y pensant.

Comment avons-nous introduit l'autorité dans notre vie ?

Durant mon enfance, ma mère (pour d'autre, c'est leur père ou les deux) m'a tellement donné des ordres à faire ou à ne pas faire, que j'ai construit mes croyances sur l'amour et les relations selon ses valeurs et aussi des gens de la société, sans même savoir, si elles vont me servir dans ma vie.

J'ai fait confiance à mes parents, car ils étaient les Dieux de mon univers, au lieu de me faire confiance, de respecter mes sentiments... Voilà la plus grande erreur que j'ai faite, mais vous conviendrez, que je n'avais pas de choix durant cette période de ma vie.

On me l'a souvent répété pour mieux me contrôler !

Comment aurais-je pu survivre sans mes parents, qui comblaient mes besoins du corps ? Je ne pensais jamais à mes besoins de survie, jusqu'au jour où ma mère a commencé à me faire peur, que je pouvais perdre mes besoins si je n'exécutais pas ses ordres, qu'elle pouvait retirer son amour si je n'obéissais pas ou elle me culpabilisait si je faisais quelque chose qui n'était pas aligné sur ses valeurs.

Elle n'avait pas besoin de me faire mal, de me blesser, afin que j'agisse avec joie ! Il suffisait de me demander quelque chose avec une attitude aimable, avec des questions sans crier constamment pour me faire peur ou me punir avec des châtiments !

J'ai ainsi construit des fausses croyances, que j'avais aussi des besoins d'amour, et dépendre des autres à ce sujet.

Toutes mes relations amoureuses avaient comme fondation, de vouloir être aimé pour compenser mon manque d'amour envers moi-même.

Exiger, c'est manquer de respect et d'amour

Pourtant, aimé et être aimé étaient tout ce que je voulais en étant jeune, et rien d'autre en retour !

J'observe les enfants, et ils sont nés avec cette nature d'aimer et être aimés sans rien n'exiger en retour. Et nous sommes tous nés enfants !

J'observe les adultes, ils ont été conditionnés en étant jeunes, par l'autorité des parents et des autres adultes, à exiger de l'amour, du respect, qui n'est pas notre nature. Et nous sommes tous devenus des adultes !

Le problème est donc dans le processus de devenir, de « ce qui devrait être ».

En vérité, nous devenons ce que nous ne sommes pas en se faisant contrôler par des gens qui ne se connaissent pas et cherchent à compenser l'amour de soi-même en exigeant le respect, l'amour des autres au moyen de l'autorité, du contrôle sur les gens.

Une personne qui se connaît et qui s'aime, n'a pas besoin de se faire aimer ni se faire reconnaître ni se faire respecter. Elle aime, elle se connaît et aime les autres.

L'autorité qui nie et juge n'accepte pas les gens tels qu'ils sont, mais selon « ce qu'ils devraient être », selon eux.

Voilà ce que l'amour n'est pas !

Voilà ce que le respect n'est pas !

Voilà ce que la liberté n'est pas !

L'acceptation de l'autorité est un choix très élevé

Parce que j'ai été éduqué, conditionné à croire que la seule solution pour obtenir ce que je voulais était de contrôler les êtres humains ou être contrôlé par eux, jamais il m'est venu à l'esprit, qu'il existait un choix plus élevé pour obtenir ce que je voulais.

J'observe les parents, les enseignants, les leaders, les politiciens, les dirigeants et tous ces adultes en train de contrôler, de vouloir le pouvoir sur les gens, de décider pour moi, pour nous. Puis, nous les imitons sans nous en rendre compte.

Personne ne se pose la question afin de savoir si ce ne sont pas nos habitudes, nos croyances transmises par nos prédécesseurs qui sont la cause de tous ces malheurs.

Nous croyons que le seul pouvoir est le pouvoir sur les gens. Mais en observant et acceptant le monde tel qu'il est, je vois que cela ne fonctionne pas vraiment pour vivre des relations harmonieuses et aimables.

C'est en acceptant que l'autorité ne fonctionne pas, que notre esprit s'active pour faire entrer en nous, des informations concernant ce qui pourrait fonctionner pour vivre des relations différentes.

Le pouvoir avec les gens

Cela n'a pas été facile pour moi, d'observer le monde tel qu'il est et de choisir d'être et de faire le contraire de l'autorité afin de sentir en moi, si cela me faisait du bien et ne produisait pas du mal dans les sentiments des autres.

Je me suis aperçu que je ne posais pas de questions à mes enfants et aux gens en général, et encore plus rares, de leur demander leur permission pour faire quelque chose.

Était-il trop difficile pour moi, de connaître les états d'âme des gens et les accepter tels qu'ils sont ainsi que leur laisser la liberté de dire oui ou non à mes demandes sans les juger, sans les blesser et sans représailles ?

Mais je sais une chose, il est très difficile de vivre dans un monde où il n'y a pas de conscience de ce qu'est l'amour et la liberté.

De vivre sans se connaître et s'aimer vraiment, car il y a de nombreuses façons que nous avons inventées pour contrôler les gens au moyen de l'autorité !

Jour 21 : Les 9 façons qui tuent l'amour et la connaissance de soi

Avez-vous oublié, que tout ce qui restreint, limite ou empêche votre liberté, votre nature, est un choix moindre et ainsi ne jamais vous connaître ni vous aimer ?

Avez-vous oublié que les autres sont comme vous ?

Pourquoi utiliser le contrôle par l'autorité pour obtenir ce que vous voulez des autres ?

Aucune personne n'est née pour diriger les autres !

Aucune personne au monde n'est née avec le droit de commander ses semblables, à faire ou ne pas faire quelque chose, peu importe si l'autorité est exercée par un consentement volontaire ou non.

Notre nature n'est pas de contrôler les autres, mais bien de se connaître, s'aimer et exprimer librement cette nature au moyen de la création afin d'en éprouver les résultats.

Seule une personne qui ne se connaît pas, qui n'est pas consciente de sa nature, cherche à contrôler les autres en exerçant son pouvoir par l'autorité ou à se faire contrôler par l'autorité.

Vraiment, aucune personne est née pour diriger les autres, mais pour les guider, lorsqu'elle se connaît et s'aime avant tout !

Le choix le plus élevé est tout simplement d'accepter et de comprendre « ce qui est », ce qu'est l'autorité sous toutes ses formes, et ainsi faire entrer dans votre esprit, ce que l'autorité n'est pas, puis de choisir d'exprimer, le meilleur choix pour vous, selon vous.

Voici les 9 façons que l'autorité a inventées afin d'exercer le pouvoir sur les gens et ainsi tuer tout amour de soi et toute liberté.

1. Donner votre confiance à l'autorité

- L'autorité veut vous faire croire qu'elle possède toutes les réponses à vos questions, qu'elle a toujours raison, que vous êtes né imparfait et que vous devez vous améliorer pour devenir comme eux, les imiter.

- Pour y arriver, vous devez ne pas vous connaître, donc nier vos sentiments, oublier votre capacité ou votre pouvoir de penser, de créer et que vous pouvez échouer dans vos intentions.

- Les conséquences en sont l'habitude de donner votre confiance à l'autorité, mais cela crée le doute en vous, de perdre la foi en vous, afin d'obtenir ce que vous voulez et ainsi croire que vous avez besoin des autres pour réaliser vos intentions.

2. Le besoin aux autres

- L'autorité veut vous faire croire qu'elle est l'unique solution, le seul moyen pour obtenir ce que vous voulez pour être heureux ou pour survivre.

- Pour y arriver, vous devez dépendre de l'autorité et ne pas avoir d'autre possibilité, d'autre solution ni préférence ni choix à votre disposition.

- Les conséquences en sont l'habitude de croire que vous avez besoin des autres, mais cela crée le peur de perdre quelque chose d'essentiel à votre sécurité, votre bonheur, votre survie si l'autre s'en va, se retire.

3. La sécurité

- L'autorité veut vous faire croire que la sécurité est l'idéal recherché pour ne pas perdre ce dont vous croyez avoir besoin pour être heureux ou pour survivre.

- Pour y arriver, vous devez respecter, aimer et reconnaître l'importance de ceux qui vous apportent vos besoins et vous soumettre à leur volonté.

- Les conséquences en sont l'habitude de croire que pour vivre tranquille et conserver votre sécurité, vous devez protéger votre mode de vie, mais cela crée des désaccords, des disputes, des divisions et des séparations dans les relations.

4. La séparation dans les relations

- L'autorité veut vous faire croire que les gens sont séparés, et que pour protéger votre sécurité, vous devez vous réaliser individuellement, car il existe des pommes pourries, des méchantes personnes, qui veulent ce que vous avez ou vous faire du mal pour les avoir.

- Pour y arriver, vous devez faire partie des gagnants, des plus forts, des plus habiles, des plus riches, des plus instruits, des plus reconnus.

- Les conséquences en sont l'habitude de croire que nous sommes séparés dans nos relations, mais cela créé un problème, qu'il n'y a pas assez de ce que l'on veut pour être heureux ou pour survive si l'autre se retient.

5. L'accumulation de ce qui est bon

- L'autorité veut vous faire croire qu'il y a un manque de tout dans la vie et que vous devez lutter contre les gens pour l'avoir. Pas assez d'amour, pas assez de bonté, pas assez d'argent, pas assez de nourriture, pas assez de paix, pas assez de vie.

- Pour y arriver, vous devez faire partie des puissants, des gagnants, accumuler plus, profiter plus, exploiter plus, performer plus et faire la compétition pour ne pas en manquer, pour vous accaparer du butin.

- Les conséquences en sont l'habitude de croire que si vous ne faites rien, vous n'aurez rien, mais cela créé un problème supplémentaire, qu'il faut remplir certaines exigences à faire.

6. Les obligations à faire

- L'autorité veut vous faire croire que les obligations à faire sont des exigences à remplir pour obtenir ce que vous voulez dans la vie sans aucun autre choix.

- Pour y arriver, vous devez obéir aux ordres, suivre les règles sans poser de questions et exécuter les tâches pour réaliser leurs intérêts tout en oubliant les vôtres.

- Les conséquences en sont l'habitude de croire que vous devez faire ce que l'autorité vous demande, mais cela créé un problème supplémentaire, car si vous n'avez pas l'intention de le faire, qui exécutera les ordres pour satisfaire les désirs égoïstes de l'autorité !

7. Le jugement et la condamnation

- L'autorité veut vous faire croire que le jugement et la condamnation sont des valeurs justes qui répondent aux obligations, aux exigences et aux règles qu'ils ont inventées pour vous contrôler et ainsi corriger les gens au lieu de corriger les fautes, les erreurs des gens.

- Pour y arriver, vous devez vous sentir coupable en vendant votre âme au diable, à la faveur de la personne ou de l'autorité qui juge. Si vous ne le faites pas, alors vous serez jugé comme une mauvaise personne et si vous le faites mal, alors vous serez condamné, puni et même emprisonné.

- Les conséquences en sont l'habitude de croire que l'autorité possède le pouvoir de sauver votre âme, de pardonner vos erreurs, mais cela crée un problème supplémentaire, car même avec le jugement et la condamnation, vous observez que l'autorité n'a pas toujours raison, que cela vous empêche d'évoluer et que si Dieu est amour absolu, alors comment cela est-il possible ?

8. Les conditions pour réussir

- L'autorité veut vous faire croire que les conditions font partie de la vie afin d'obtenir ce que vous voulez et ainsi accepter que le jugement et la condamnation existent, et qu'assurément, vous ne comprenez pas quelque chose au sujet de la vie et de l'amour !

- Pour y arriver, vous devez chercher les conditions inventées par les gens nés avant vous, donc que l'amour est conditionnel, qu'une condition dépend d'une autre et ainsi répéter le passé, de génération en génération, au lieu de choisir la vie que vous voulez, selon vous.

- Les conséquences en sont l'habitude de croire que les conditions sont des solutions idéales pour bien vivre, mais cela crée un problème supplémentaire, car vous observez que des milliards de gens vivent dans des conditions atroces sur notre planète et que d'autres vivent dans des conditions d'abondance extrême.

9. La supériorité des gens reconnus

- L'autorité veut vous faire croire que la vie est une école pour apprendre, que la survit est réservée au plus puissant, que la raison du plus fort est toujours la meilleure, que gagner est ce qui fait le plus grand bien et que cette supériorité est démontrée par ceux qui connaissent le plus de conditions.

- Pour y arriver, vous devez accumuler le plus de connaissances concernant les conditions de vie, accumuler le plus de richesses, faire partie des gagnants ou avoir le plus de pouvoir sur les gens.

- Les conséquences en sont l'habitude de croire que les gens supérieurs sont ceux qui doivent dirigés, être les plus glorifiés et reconnus au devant des autres, incluant Dieu, mais cela crée un problème majeur, car vous observez qu'ils contrôlent aussi, les prochaines générations à leur faire une confiance aveugle et ainsi répéter, le même processus d'imitation afin de conserver le pouvoir sur les gens.

En vérité, il n'y a pas d'êtres humains meilleurs que d'autres, nous sommes tous nés égaux avec le même pouvoir de création, mais l'endroit où nous sommes nés joue un rôle majeur dans l'expression de nos différences.

Peut importe où et quand vous êtes né, vous aurez à vous libérer de l'autorité, car elle est l'obstacle majeur qui vous empêche de vous connaître, de vous aimer et créer la vie qui vous intéresse.

Jour 22 : Comment se libérer de l'emprise de l'autorité ?

Il n'y a pas d'enfer après la mort, car le véritable enfer est celui de ne pas se connaître ni s'aimer durant notre vie !

Est-ce que l'enfer est simplement une forme de peur que l'autorité a inventé afin de mieux nous contrôler pour leur gloire, leur supériorité ?

De nous faire croire que nous devons gagner notre place au paradis et que les être supérieurs sont les seuls qui vont réussir ?

Ce mensonge provient d'une croyance plus profonde, une peur grandiose, que nous n'avons qu'une seule vie... et ainsi tout faire pour mériter notre place au paradis, peu importe les autres.

Nous tous, avons été conditionnés par l'autorité qui nie et qui juge

Il est impossible de se connaître ni de s'aimer si vous n'acceptez pas que vous êtes sous l'emprise d'une quelconque autorité !

Pour se libérer de l'autorité sous toutes ses formes, il faut d'abord accepter que nous tous, avons été conditionnés à se faire contrôler par nos parents, nos enseignants, nos traditions et nos cultures depuis notre naissance.

Il n'y a aucune exception !

Cela a créé notre façon de pensée et nos croyances, qui ne sont pas les nôtres, mais celle de l'autorité qui a décidé ce qui valait le mieux pour nous.

Par conséquent, nous imitons nos prédécesseurs en cherchant à contrôler les autres par l'autorité, car nous croyons à tort, que la supériorité est une preuve de grandeur, de réussite, d'abondance, d'amour, de reconnaissance et de vie éternelle après la mort.

Nous avons le pouvoir de créer la vie que nous voulons et non de contrôler les autres à nous apporter ce que nous voulons, car nous sommes ce pouvoir.

Nous ne pouvons perdre ce pouvoir, car il est ce que nous sommes, mais nous pouvons l'oublier par le conditionnement reçu de l'autorité qui nie et qui juge.

Accepter ne veut pas dire se conformer

Si vous n'acceptez pas cela, c'est que vous portez un jugement et faites comme si vous connaissez tout de la vie, mais cela vous empêche de recevoir quelque chose de nouveau. Vous avez, pour ainsi dire, aucun choix.

Accepter ne veut pas dire que vous vous conformez sans examen de votre conscience, mais que cela est une possibilité, une nouvelle information, avant de choisir ce qui est le mieux pour vous, selon vous.

L'autorité fait le contraire en vous obligeant à sa version sans avoir de possibilité de choisir ce qui est le mieux pour vous, mais selon elle.

Laissez le neuf venir à vous sans effort

C'est par choix libre que nous pouvons être libérés de l'autorité. Cela débute par l'acceptation de l'autorité dans notre vie, que cela ne fonctionne pas pour être bien, se connaître et s'aimer, et ainsi faire entrer en existence dans notre esprit, une information de **ce qui n'est pas l'autorité**.

Avez-vous remarqué que lorsque quelque chose de nouveau se forme dans notre esprit, sans l'aide de personne, nous avons toujours une envie de l'expérimenter ?

Mais si quelqu'un nous dit une idée, une solution, une information, alors cela ne vient pas de nous et ainsi ne pas avoir la motivation de l'expérimenter.

Probablement, vous attendez que je vous dise quoi faire (penser, parler ou agir), mais c'est exactement cela ce que je ne dois pas faire pour vous permettre de choisir librement.

Le choix entre le connu et l'inconnu

Nous sommes tous conditionnés à chercher dans la mémoire des gens ou de la nôtre, et pourtant, une nouvelle information ne vient jamais au grand jamais de la mémoire, qui est un passé connu et non un présent nouveau.

Le passé connu n'a pas de choix, mais le passé connu avec le présent inconnu sont des possibilités existantes qui vous offrent un choix libre.

Un choix libre n'est pas entre ce qui est connu et un autre connu, mais entre ce qui est connu et ce qui est nouveau.

Comprenez-vous la différence ?

Observez d'autres points de vue

L'observation des autres ou de la réalité ne doit pas être interprétée ni prise comme une vérité à vous, mais uniquement comme une simple information, une perception de « ce qui est ».

Dans les 9 prochains chapitres, j'apporterai des points de vue de mes observations, mes expériences et mes prises de conscience en relation avec l'autorité afin de vous permettre d'observer et choisir librement, vos propres pensées à votre sujet.

Si vous niez ou si portez un jugement de bien ou de mal, alors c'est votre mémoire conditionnée par ce que vous savez déjà, qui bloque toute possibilité d'accepter, d'observer et de comprendre autre chose.

Si vous n'êtes pas d'accord, c'est tout à fait correct, mais il serait sage d'expérimenter vous-même, ces situations afin de déterminer si cela est vrai pour vous dans vos sentiments, si cela fonctionne ou non pour vous et ainsi éviter de croire que vous avez raison...

Jour 23 : Faire confiance à l'autorité est un choix moindre !

N'est-il pas curieux, de voir que nous avons peur de donner tort à nos parents, nos enseignants, nos patrons, nos leaders et à tous ceux qui parlent avec éloquences ou autorité ?

Mais avec nos enfants, nos étudiants, nos employés et nos moins bien nantis, nous exigeons leur écoute, leur approbation, car nous voulons qu'ils respectent l'autorité, la supériorité, le grade !

Comment avoir confiance en nous, lorsque nous sommes contrôlés ou que nous contrôlons les autres par l'obéissance, la peur et la culpabilité ?

Heureusement, il n'est jamais trop tard pour faire un choix plus élevé et retrouver sa confiance oublié !

L'autorité a inventé le doute de soi afin d'obtenir votre confiance et perdre la vôtre

L'autorité veut vous faire croire qu'elle a toutes les réponses à vos questions, qu'elle a toujours raison, qu'elle est à la hauteur, que vous êtes né imparfait et que vous devez vous améliorer en vous comparant avec les autres.

Pour y arriver, vous devez écouter l'autorité, ne pas vous connaître, nier vos sentiments, oublier votre capacité de penser, ne pas connaître votre pouvoir de créer et que vous pouvez échouer si vous avez des intentions personnelles.

Les conséquences en sont l'habitude de donner votre confiance à l'autorité pour obtenir ce que vous voulez, mais en grandissant, vous observez que vous pouvez vous faire confiance et obtenir ce que vous voulez en utilisant votre pouvoir personnel.

Pour corriger cette situation et ne pas perdre le contrôle sur vous, l'autorité a inventé le besoin, au lieu de comprendre que le pouvoir sur les gens est un choix moindre qui existe afin de faire un choix plus élevé.

Douter de soi vous rend inconscient de vos états d'être

Il est bien de faire confiance à nos parents et à nos enseignants durant notre enfance, mais cela ne doit pas devenir une habitude, au point d'oublier nos propres sentiments et nos propres intentions, et ainsi vivre notre vie adulte en imitant les autres qui sont obsédés, sans s'en rendre compte, par le pouvoir de se croire meilleurs, supérieurs aux plus petits ou au plus démunis.

Quelle ignorance que de contrôler les gens qui nous font une confiance aveugle !

Quand j'étais enfant, j'ai fait confiance, en toute naïveté, à mes parents et à mes enseignants, car je ne connaissais par autre chose que ma nature d'aimer sans condition et sans peur. Je ne devais pas poser de questions et ainsi accepter leur version de la vie.

Ainsi, j'ai oublié mes sentiments, mes vérités concernant ce qui est bien ou mal pour moi afin de les remplacer par ce qui devrait être bien ou mal selon l'autorité.

Lorsque je me sentais mal dans une situation, l'autorité me disait que je devais me sentir bien, oublier cela, que ça va passer. Lorsque cela me faisait du bien, l'autorité me disait que je devrais me sentir mal.

Par conséquent, j'ai commencé à cacher mes états d'être et mes sentiments afin de bien paraître au devant des autres.

Douter de soi vous rend malhonnête

Je vivais, en toute inconscience, de façon malhonnête à cause de cette peur que je cultivais en moi, tout en montrant les apparences d'une personne confiante.

Les gens qui exercent le pouvoir sur les autres montrent l'apparence de grandeur, de supériorité, du bien paraître, de la confiance, mais en vérité, c'est exactement le contraire à l'intérieur d'eux.

Une personne qui est aimable n'a pas besoin de prouver son amabilité aux autres, seule une personne qui n'est pas aimable va chercher à le prouver...

Une personne qui a confiance en elle n'a pas besoin de prouver sa confiance, car elle l'est. Seule une personne qui n'a pas confiance en elle va tenter de prouver aux autres qu'elle a confiance en elle. En d'autres termes, on va toujours en manque vers l'extérieur.

L'autorité vit dans un état confortable, d'habitudes d'avoir raison, mais quand elle est en relation avec une personne qui a confiance et qui n'a pas peur de poser des questions pour comprendre, l'autorité cherche à fuir cette relation, à fuir une vérité qui est sur le point de sortir et ainsi démontrer leur manque de confiance et leur manque d'honnêteté.

L'honnêteté est un concept de vérité tandis que le bien paraître est l'invention de l'homme qui a peur d'être honnête sans s'en rendre compte.

Vous vivez dans la peur et vous croyez que vous n'avez pas peur pour bien paraître... voilà pourquoi elle continue d'exister en vous, car en vérité, vous avez peur d'accepter, que vous avez peur.

Douter de soi vous rend conditionné à croire aux apparences

Si en moi, j'ai été conditionné à douter de moi par l'autorité, alors ma façon de penser est remplie de peur et surtout remplit d'habitudes de vouloir bien paraître au devant de l'autorité.

Et il est impossible que le doute ou la peur puisse se transformer en confiance en faisant quelque chose.

Par exemple, un menteur qui ment constamment et qui ne sait pas qu'il ment va toujours mentir, n'est-ce pas ? Pour lui, mentir c'est dire sa vérité !

Plus nous cherchons à lui montrer son mensonge, et plus il va prouver le contraire et ainsi augmenter son habitude de mentir. Il défend ses croyances !

En vérité, il ne ment pas consciemment, il a développé une habitude profonde, une croyance de mentir afin de se protéger de la peur et de la culpabilité dès son plus jeune âge. Ne sommes-nous pas prisonniers des croyances des autres ayant l'autorité sur nous ?

- Les enfants disent leurs sentiments et intentions à leurs parents ;
- Les parents nient et jugent les vérités et les intentions des enfants ;

- Les enfants commencent à mentir par la peur et le jugement de leurs parents ;

- Les enfants construisent leurs croyances pour bien paraître et se soumettre à leurs parents ;

- Les enfants observent les adultes dans la société qui font la même chose ;

- Les enfants deviennent des adultes conditionnés à cacher leur vérité ;

- Certains adultes se font prendre à mentir ;

- Nous voulons qu'ils disent la vérité, mais la croyance de mentir pour bien paraître est déjà profonde ;

- Nous les condamnons sans comprendre que nous sommes tous responsables de vivre dans le mensonge du bien paraître.

Les apparences pour bien paraître sont des images que nous produisons pour cacher ce qui est vrai afin d'éviter une blessure potentielle.

Nous faisons tous l'erreur de croire aux apparences, donc à la réalité observable, au lieu de comprendre le processus de création qui produit les apparences.

Par conséquent, nous croyons, faisons confiance à la réalité, aux apparences, aux autres, et nous oublions le processus qui créé la réalité.

Nous sommes ce processus de création et en mettant notre attention et notre confiance sur les apparences, alors nous oublions notre pouvoir de création.

Existe-t-il un choix plus élevé pour retrouver sa confiance ?

Je me suis libéré du doute en moi, en acceptant et en comprenant que ma confiance ne s'obtenait pas selon les autres en montrant que j'étais à la hauteur pour bien paraître, mais en étant honnête concernant mes sentiments et mes intentions.

Par exemple, de dire à mes enfants ou aux gens, que je ne sais pas, que je me trompe, que j'ai tort, que je ne connais pas la réponse, de déclarer honnêtement mes sentiment, mes intentions, alors j'ai une grande confiance en moi, n'est-ce pas ?

De plus, je ne fais plus jamais confiance aux paroles des gens, uniquement à leurs actions. Peu importe si cette personne est ma femme, mes parents, mes enfants, le président, le prêtre, le patron, l'expert, etc.

Lorsque quelqu'un me demande de lui faire confiance ou de croire en lui, je réponds sans hésiter, que je ne fais pas confiance aux paroles, mais uniquement à sa façon d'être en action, car des paroles sans actions ne sont que des promesses qui ne seront pas tenues.

Par conséquent, je ne fais jamais de promesse aux gens et je ne leur demande jamais plus de me faire confiance ni de me croire, mais je leur dis le contraire.

La confiance de soi entre en existence, lorsque nous acceptons et comprenons de nous-mêmes, ce que le doute ou la peur est. Notre vérité entre en existence, lorsque nous acceptons et comprenons de nous-mêmes, ce que le mensonge est pour bien paraître.

Et sans le doute ou la peur, en l'absence de choix, aucun choix n'est possible.

Qu'est-ce qui compte le plus pour vous !

Faire confiance à l'autorité ou aux autres est un choix moindre qui existe pour faire un choix plus élevé.

Est-ce que faire une confiance aveugle aux autres vous sert, vous est utile, compte tenue de ce que vous aimeriez vivre, selon vous ?

Est-ce que cette croyance de vivre en cachant vos peurs, vos doutes, vous sert, vous est utile, compte tenue de ce que vous aimeriez vivre, selon vous ?

Si cela vous sert, alors continuez à vivre de la même façon, mais si cela ne vous sert pas, vous cause un problème, alors pourquoi ne pas faire un choix plus élevé pour vous ?

J'ai été honnête en étant jeune, mais sans succès, car mes parents et mes enseignants étaient plus préoccupés à me contrôler pour satisfaire leur pouvoir sur moi.

Mais en étant adulte, les choses sont différentes.

Le doute ou la peur existe afin de faire entrer en existence dans votre esprit, ce que le doute, la peur n'est pas, donc ce que vous êtes, et ainsi avoir un choix libre.

Jour 24 : Le besoin aux autres est un choix moindre

Si vous êtes ici actuellement et que vous n'êtes pas mort, alors cela est la preuve que tous vos besoins ont été comblés !

Ne trouvez-vous pas, qu'avoir besoin de quelqu'un, vous rend souvent très inquiet et très malheureux ? Et si vous êtes la personne qui apporte à l'autre ses besoins, n'êtes-vous pas précieux, au point de vous sentir plus puissant, plus important, supérieur ?

Si vous vivez dans l'une de ces deux situations, probablement que vous n'êtes pas bien, même si vous montrez que vous l'êtes, car vous dépendez l'un de l'autre !

À chaque instant de notre vie, nous voulons quelque chose pour être heureux, pour mieux vivre, être bien. Tout cela est naturel et fait partie de la vie !

Cependant, nous avons adopté comme solution, une habitude inconsciente de compter sur les autres, et ainsi croire que l'unique façon est de contrôler les gens afin qu'ils nous apportent ce que nous voulons.

Cette solution créée par l'homme, est celle du besoin.

- Avoir besoin, c'est dépendre !

- Avoir besoin, c'est être malheureux sans cela !
- Avoir besoin, c'est ne pas avoir d'autre choix !

En vérité, le besoin est une solution moindre qui ne s'accorde pas sur notre véritable nature humaine.

L'autorité a inventé le besoin pour dépendre d'elle

L'autorité veut vous faire croire qu'elle est l'unique solution, le seul moyen pour obtenir ce que vous voulez pour être heureux ou pour survivre.

Pour y arriver, vous devez dépendre exclusivement de l'autorité ou des autres et ne pas avoir d'autre possibilité, d'autre solution, d'autre choix.

Les conséquences en sont l'habitude de croire que vous avez besoin des autres pour être heureux ou survivre, mais cela crée la peur de perdre vos besoins, de perdre quelque chose d'essentiel, si l'autre se retire.

Pour corriger cette situation et ne pas perdre le contrôle sur vous, l'autorité a inventé la sécurité, au lieu de comprendre que le besoin est un choix moindre qui existe afin de faire un choix plus élevé.

Le besoin vous rend malheureux en ayant des attentes

Avez-vous déjà considérez ce que sont les attentes ?

Vous savez, ces choses que l'on a à l'esprit de ce que l'on veut, les résultats qu'on s'attend d'avoir ?

Je me souviens d'un Noël, où je ne m'attendais pas à recevoir de cadeau et ainsi ne pas m'inquiéter à ce sujet. Puis, une fois à Noël, de recevoir un cadeau inattendu... Quelle belle surprise pour moi !

Je me souviens aussi de ma petite nièce qui s'attendait de recevoir une poupée particulière à Noël et une fois la journée arrivée, ne pas recevoir sa poupée. Tous les autres cadeaux n'avaient plus d'importance pour elle.

Quelle tristesse !

Le besoin vous rend inconscient de votre pouvoir de créer

Si vous croyez que vos besoins devraient être comblés par les autres, alors vous oubliez votre pouvoir de créer ce que vous voulez pour vous et ainsi être conditionné à une seule façon, une seule solution, soit par les autres.

Nous avons été conditionnés depuis notre naissance, à vouloir ce que les autres voudraient que nous ayons, oubliant alors, notre pouvoir de création en se souciant profondément des résultats et non du processus qui crée les résultats.

Pourtant, nous sommes le processus qui crée les résultats et ne pas en être conscient, c'est être malheureux en vivant dans les attentes, que nos besoins seront comblés par les autres.

Le besoin vous rend possessif

J'ai besoin de ma femme, car elle m'apporte du sexe, du plaisir, une présence agréable ou un statut social. Je ne veux pas perdre cela et je dois la contrôler, avoir le pouvoir sur elle, car mon bonheur dépend d'elle et non de moi.

Vous avez besoin de votre homme, car il apporte votre stabilité financière, la protection sociale ou les divertissements. Vous ne voulez pas perdre tout cela est alors vous croyez que vous devez le contrôler, car votre bonheur dépend de lui, non de vous.

Par conséquent, le besoin crée dans notre esprit, une forme de possession, d'exclusivité, de jalousie, car nous croyons en l'existence d'une seule solution et en plus, nous faisons confiance aux autres, non à soi-même, afin de pouvoir créer la vie que nous voulons.

Existe-t-il un choix plus élevé que le besoin aux autres ?

Je me suis libéré du besoin aux autres, en acceptant et en comprenant, que la relation n'est pas une solution pour m'apporter ce que je veux, mais bien pour créer et offrir aux autres, ce que je veux pour moi et ainsi faire l'expérience de l'avoir.

Par exemple, si je désire de l'amour de l'autre, alors il suffit que je sois aimable envers l'autre. Si je désire que ma partenaire soit attentive, alors je suis attentif à elle.

Ainsi, je ne suis pas dans l'attente, dans l'espoir que ma partenaire fasse quelque chose pour moi et me sentir mal, si elle ne s'exécute pas pour satisfaire mon bonheur. En fait, je préfère que ma partenaire soit aimable, mais je n'ai pas besoin qu'elle le soit. Si je désire qu'elle le soit, alors je choisis de faire une action aimable sans avoir d'attente en retour.

Ce qui compte est de vivre sans avoir de besoins, mais des désirs, des préférences.

Qu'est-ce qui compte le plus pour vous !

Le besoin est un choix moindre qui existe pour faire un choix plus élevé.

Vivre sans avoir besoin de quelqu'un ou de quelque chose est ce que nous sommes. Le besoin est une illusion de ce que l'amour n'est pas et des milliards de gens croient le contraire.

Est-ce que le besoin vous sert, vous est utile, compte tenue de ce que vous aimeriez vivre, selon vous ?

Si cela vous sert, alors continuez à vivre de la même façon, mais si cela ne vous sert pas, vous cause un problème, alors pourquoi ne pas faire un choix plus élevé pour vous ?

Le besoin existe afin de faire entrer en existence dans votre esprit, ce que le besoin n'est pas, donc ce que vous êtes, et ainsi avoir un choix libre pour créer ce dont vous aimeriez avoir ou être.

Nous sommes dépourvus de besoin et la preuve en est, que nous sommes toujours ici en ce moment, donc que tous nos besoins ont été comblés jusqu'à ce jour.

Par conséquent, nous n'avons pas besoin de personne en particulier pour exister ou pour vivre, mais sans les autres, nous ne pouvons pas nous connaître.

Jour 25 : La sécurité est un choix moindre

Quelle grande tranquillité d'esprit que de vivre en toute sécurité ! Mais lorsque nos besoins affectifs et matériels sont comblés par les autres qui ont le pouvoir sur nous, ne sommes-nous pas inquiets de les perdre ?

La véritable sécurité est de faire quelque chose pendant que ça va bien, et non de ne rien faire, quand ça va bien.

L'autorité a inventé la sécurité pour ne pas perdre vos besoins

L'autorité veut vous faire croire que la sécurité est l'idéal recherché pour ne pas perdre ce dont vous croyez avoir besoin pour être heureux ou pour survivre.

Pour y arriver, vous devez nécessairement respecter, aimer et reconnaître l'importance de ceux qui ont autorité sur vous concernant vos besoins et vous soumettre à leur volonté.

Les conséquences en sont l'habitude de croire que pour conserver votre sécurité, vous devez protéger votre mode de vie, mais cela crée des désaccords, des disputes, des conflits, des guerres, des problèmes dans les relations.

Pour corriger cette situation et ne pas perdre le pouvoir, l'autorité a inventé la séparation, la division entre nous, qu'il a des êtres humains méchants, au lieu de comprendre que la sécurité est un choix moindre qui existe afin de faire un choix plus élevé.

La sécurité vous rend craintif

Si j'ai besoin de ma femme pour être heureux ou pour vivre, alors j'ai peur qu'elle parte et ainsi perdre ou manquer quelque chose d'essentiel à mon bonheur.

Si j'ai besoin de mon emploi pour survivre, alors j'ai peur de le perdre ou manquer de quelque chose, car il est essentiel à ma survie ou ma qualité de vie.

Le besoin aux autres, nous met dans une situation terrifiante et alors, nous cherchons à mettre en place, une solution sécuritaire afin de se protéger de la perte possible de nos besoins.

Cette réaction est l'inquiétude qui annonce la peur. Nous avons peur de vivre des problèmes si l'autre se retire et notre réaction est de trouver des façons pour contrôler les gens, sans se soucier de leurs sentiments et ainsi causer des problèmes dans les relations.

La sécurité vous rend égoïste

La sécurité, c'est la peur de perdre nos besoins. En étant concentrés sur nos besoins, nous oublions les autres et ainsi vivre notre vie selon chacun pour soi.

Notre société véhicule l'idée que l'égoïsme est mal et que nous devons aider nos semblables. Par conséquent, notre réaction est de montrer une image que nous sommes aimables envers les autres et pourtant, notre vérité intérieure est exactement le contraire pour bien paraître.

Ainsi, la sécurité nous rend égoïste, mais de façon inconsciente.

La sécurité vous rend monotone

L'absence de joie ou la monotonie n'est pas notre nature. Parce que nous croyons avoir atteint la réussite en vivant dans la sécurité, alors nous n'avons pas de nouveau désir de réaliser quelque chose.

Notre réaction est celle de rechercher des solutions pour compenser notre vie ennuyante et alors, nous cherchons des plaisirs.

Il n'y a rien de mal à vouloir des plaisirs, c'est tout naturel, mais nous oublions de comprendre ce qui cause notre monotonie !

N'est-ce pas une vie dépourvu de nouvelles créations ni de nouveaux projets qui nous tiennent à cœur ?

La sécurité vous rend prisonnier du connu

Peu importe le confort et la commodité d'une prison, une prison va toujours être une prison !

Ce n'est pas de l'inconnu que nous avons peur, mais bien de perdre ce qui est connu, donc ce qui est confortable et commode pour nous.

Ainsi, la sécurité est simplement le connu qui se répète et se répète. Nous cherchons la permanence pendant que notre nature se transforme et n'est jamais statique.

Par conséquent, la sécurité est une lutte constante pour maintenir en place, ce qui ne peut pas être maintenu en place, causant alors, des problèmes sans s'en rendre compte et qui sont les sources de divisions entre nous.

Par exemple, dans nos relations nous voulons que les autres se comportent toujours de la même façon que nous connaissons d'eux, car c'est plus facile et confortable d'exercer le contrôle sur eux.

Nous aimons tellement dire aux autres, que nous les connaissons au lieu d'avoir l'intention de les connaître à chaque instant. Connaître leurs sentiments et leurs intentions qui changent constamment, tout comme chacun de nous.

Parce que nous n'avons pas d'intérêt à nous connaître à chaque instant, alors nous n'avons aucunement l'intérêt de connaître les gens à chaque instant.

Donc, au lieu de voir le présent dans la relation, nous abordons la relation avec des idées déjà connues. Le passé confortable nous garde prisonnier du connu et ainsi, ne jamais vivre dans le présent.

La vie, c'est le présent tandis que la mort, c'est le passé.

Existe-t-il un choix plus élevé que la sécurité ?

J'ai vécu ce genre de vie à dépendre des autres et ainsi avoir constamment peur de perdre ce que je trouvais essentiel à mon bonheur ou ma survie.

Et pour me protéger de cette peur, pour vivre en toute sécurité, j'ai créé de nombreux problèmes sans m'en rendre compte. Tout ça, parce que je n'étais pas conscient ni attentif à m'observer dans les relations. À observer mes sentiments et mes intentions.

Mes nombreux sentiments douloureux ou mes problèmes m'ont réveillé de mon inconscience et à cet instant, une curieuse chose a pris naissance en moi... j'ai commencé à percevoir que la plupart des gens vivaient endormis. Que depuis ma naissance, j'ai suivi des gens endormis et j'ai été aussi endormi qu'eux dans la sécurité et le confort du passé.

C'est le signe indiscutable de mon éveil et j'ai eu une envie soudaine, de me connaître et m'aimer, de connaître la grandeur de qui je suis, selon moi, sans condamner ce que je ne suis pas afin d'avoir un choix possible !

Je suis ce processus de création et je n'ai pas besoin de le chercher, car il est déjà en moi, mais je l'avais oublié.

Qu'est-ce qui compte le plus pour vous !

La sécurité est un choix moindre qui existe pour faire un choix plus élevé.

Vivre en acceptant que les surprises et les imprévues sont des choses naturelles qui arrivent afin de ne pas tomber dans le piège du connu et que les problèmes sont des occasions pour créer des versions de plus en plus magnifiques de qui nous sommes. La sécurité est une illusion de ce que l'amour n'est pas et des milliards de gens croient le contraire.

Est-ce que la sécurité vous sert, vous est utile, compte tenue de ce que vous aimeriez vivre, selon vous ?

Si cela vous sert, alors continuez à vivre de la même façon, mais si cela ne vous sert pas, vous cause un problème, alors pourquoi ne pas faire un choix plus élevé pour vous ?

La sécurité existe afin de faire entrer en existence dans votre esprit, ce que la sécurité n'est pas, donc ce que vous êtes, et ainsi avoir un choix libre pour créer ce dont vous aimeriez avoir ou être.

Nous sommes des êtres en évolution et la seule chose qui existe de permanent est l'impermanence.

Par conséquent, nous créons des problèmes, quand nous ne créons rien pendant que ça va bien.

Jour 26 : La séparation est un choix moindre

Il n'y a ni victimes ni méchantes personnes !

Notre monde est rempli de bonnes personnes, mais le contrôle par l'autorité a produit la séparation et ainsi ne pas y croire.

N'est-il pas bizarre et curieux, que nous aimons les gens qui comblent nos besoins, mais dès que notre sécurité est compromise, alors l'amour se change en inquiétude, en peur ou en haine ?

Puis, nous réagissons en voyant l'autre comme une méchante personne, comme le coupable de ce qui nous arrive et ainsi oublier de s'observer.

Pourquoi avons-nous cette réaction ? D'où vient cette habitude inconsciente ? Sommes-nous conscients de notre attitude qui a blessé et fait réagir l'autre ?

Est-ce cela l'amour ? Une pensée conditionnée qui divise la relation afin de satisfaire nos propres intérêts !

Il n'y a ni victimes ni méchantes personnes, il n'y a que des gens inconscients de ce qu'ils sont et du pouvoir de création qu'ils ont !

L'autorité a inventé la séparation afin de garantir votre sécurité

L'autorité veut vous faire croire que les gens sont divisés, séparés, et que pour protéger votre sécurité, vos besoins, vous devez vous réaliser individuellement, car il existe des pommes pourries, de méchantes personnes, qui veulent ce que vous avez ou vous faire du mal pour les avoir.

Pour y arriver, vous devez faire partie des gagnants, des plus forts, des plus habiles, des plus riches, des plus instruits, des plus reconnus.

Les conséquences en sont l'habitude d'être séparés dans nos relations, mais cela créé un problème supplémentaire, de croire qu'il n'y a pas assez de ce que l'on veut pour être heureux ou pour survive, qu'il manque de tout ce qui est bon, si l'autre se retient ou s'en va.

Pour corriger leur erreur et ne pas perdre le pouvoir sur vous, l'autorité a inventé l'accumulation, le plus, au lieu de comprendre que la séparation est un choix moindre qui existe afin de faire un choix plus élevé.

Quelles sont alors, les conséquences pour nous, de la séparation, de la division dans nos relations humaines ?

La séparation vous rend isolé

En fait, construire des murs autour de vous ne vous protège pas, mais vous rend égoïste, vous apporte de la solitude et vous rend insensible aux autres.

J'ai vécu des relations amoureuses en construisant des murs et quelque fois, je regardais de l'autre côté afin de voir si rien n'avait changé ou pour obtenir quelque chose.

Puis, je mesurais le « succès » de cette relation en nombre d'années pour bien paraître et non en sentiments de bien-être.

En oubliant de m'observer, m'accepter, me comprendre dans les relations, je manquais de magnifiques opportunités pour évoluer et m'aimer.

Je blâmais ou je jugeais les gens de ce qui m'arrivais, et ainsi créer un isolement par ma façon de penser, qui se traduisait ensuite dans ma façon de vivre mes relations.

La séparation vous rend individualiste

J'observe que la vie sur notre planète, peu importe la région, est construite sur l'idée de la séparation, de la division, donc sur l'individualité.

Nous croyons être des familles ou des groupes séparés, rassemblés dans des villes ou des provinces séparées, réunis dans des pays séparés, avec des religions séparées, formant un monde séparé.

Nous croyons que notre religion est la meilleure, que notre pays est le meilleur de la planète. Nous regardons notre province comme la meilleure du pays, notre ville comme la plus extraordinaire de notre province, et notre famille, comme la plus formidable de la ville. Finalement, nous nous trouvons la meilleure personne de notre propre famille.

Évidemment, nous n'affirmons pas penser comme cela, mais notre façon d'être dans nos relations indique ce que nous pensons vraiment.

Et cacher nos vérités, c'est vivre dans la malhonnêteté, dans le mensonge et y croire ensuite par habitude. Le mensonge devient alors, notre vérité.

La séparation vous rend superficiel

Notre inclinaison marquée pour les comparaisons nous rend superficiels et notre habitude de définir une chose comme étant « supérieure ou inférieure », « meilleure ou pire », « bonne ou mauvaise », « positive ou négative » démontrent combien nous sommes dans l'individualité et à quel point nous sommes noyés par la séparation.

Aussi longtemps qu'une société ou une personne se considère comme séparée, alors elle vit dans l'illusion qu'elle évolue en « bonne personne ». Pour mesurer son degré de « bonté », alors il faut nécessairement inventer un degré de « méchanceté » !

Être superficiel, c'est mettre l'importance sur l'extérieur, de mettre en évidence les apparences, l'image de soi, la reconnaissance ou la gloire et non, sur les vérités intérieures.

La mesure de l'inconscience d'une personne se s'observe par sa pensée individualiste et superficielle, par ses réalisations personnelles en se comparant avec les autres. En croyant qu'il existe de bonnes et de mauvaises personnes.

L'évolution d'une personne ou d'une société est démontrée par des actions vers l'unité, vers l'amour, vers le bien-être, non vers la séparation.

L'amour est la vérité et la séparation est l'illusion.

La séparation vous rend indifférent

Lorsque je vivais en toute sécurité, la dernière chose que je voulais était celle d'avoir des sentiments inconfortables, des problèmes. J'avais peur de vivre des problèmes et ainsi les attirés vers moi !

Les gens qui avaient autorité sur moi et la société en général m'ont conditionné à juger les véritables problèmes comme quelque chose de mal, de négatif, d'échec, de mauvaises choses. De juger mes sentiments, mes vérités, au lieu de les accepter, les comprendre et faire un nouveau choix.

Donc, ceux qui avaient des problèmes étaient perçus comme des perdants, des êtres inférieurs, des gens qui ne réussissent pas.

Ainsi, lorsque je vivais des problèmes personnels ou de relation, je tentais de les cacher aux yeux des autres, de bien paraître, d'être à la hauteur.

Par conséquent, pourquoi m'intéresser aux problèmes des autres, quand je ne m'intéressais pas à comprendre mes propres problèmes ?

Je n'avais aucun intérêt à m'intéresser aux problèmes des autres et ainsi être indifférent à eux, sans en être conscient.

Existe-t-il un choix plus élevé que la séparation ?

D'abord, il est d'une extrême importance d'accepter la séparation, car en la niant, elle s'implante fermement dans notre inconscience. En l'acceptant, nous pouvons la comprendre et voir qu'elle doit exister afin d'avoir un choix conscient entre la séparation et ce que la séparation n'est pas.

Se faire contrôler par l'autorité, depuis notre naissance, a créé dans notre façon de pensée, des croyances profondes en la séparation, qu'il existe de bonnes et mauvaises personnes.

J'ai pris conscience que rien dans notre univers n'est séparé de quoi que ce soit. Tout est relié, interactif et que nous sommes UN, que nous sommes une âme (être) qui s'exprime de façon différente (faire).

L'illusion de la réalité, de croire vrai ce que nous voyons physiquement, est ce qui nous endort dans l'inconscience d'observer notre monde intérieur, de l'oublier.

Pour qu'un véritable changement puisse s'opérer, il faut un changement de conscience et non un changement de réforme, qui est un changement extérieur de la réalité sans changer l'intérieur, qui est vérité.

Nous ne pouvons résoudre nos problèmes et ceux qui affligent l'humanité par des solutions politiques ni des solutions religieuses. Nous avons essayé ces solutions depuis des milliers d'années et sans grande avancée.

Le changement qui doit être fait, ne peut se faire que dans le cœur des hommes, par choix libre et conscient, non en l'imposant.

Nous devons cesser de voir Dieu comme étant séparé de nous, et de nous voir comme étant séparés les uns des autres. Nous sommes séparés par nos corps, mais non par notre âme. Soyons conscients de nos sentiments ou états d'être dans nos relations !

Qu'est-ce qui compte le plus pour vous !

La séparation est un choix moindre qui existe pour faire un choix plus élevé.

La relation existe pour se connaître et s'aimer, non pour se faire aimé et se faire reconnaître. Ainsi, avant de dire ou faire quelque chose, n'est-il pas sage d'observer nos sentiments et ceux des autres ? Que chaque personne n'est pas plus importante que nous et que nous ne sommes pas plus importants que les autres !

Avons-nous oublié que faire aux autres, c'est se le faire à soi-même, car l'autre ripostera à la mesure de ce que nous lui faisons.

Est-ce que la séparation vous sert, vous est utile, compte tenue de ce que vous aimeriez vivre, selon vous ?

Si cela vous sert, alors continuez à vivre de la même façon, mais si cela ne vous sert pas, vous cause un problème, alors pourquoi ne pas faire un choix plus élevé pour vous ?

La séparation existe afin de faire entrer en existence dans votre esprit, ce que la séparation n'est pas, donc ce que vous êtes, et ainsi avoir un choix libre pour créer ce dont vous aimeriez avoir ou être.

Jour 27 : L'accumulation est un choix moindre

N'êtes-vous pas inquiet, anxieux de manquer de quelque chose si les autres ne partagent pas avec vous, se retiennent ou s'en vont ?

Cette situation, chaque personne la vit à un certain moment, car nos croyances apprises des autres, nous empêchent de réfléchir et faire un choix plus élevé.

C'est par le partage avec les autres, que l'on accumule vraiment ce qui est bon pour nous !

Pouvons-nous voir ensemble, si notre croyance d'accumuler plus, nous sert vraiment à être heureux dans nos relations ?

L'autorité a inventé l'accumulation afin de vous séparer des gens et lutter entre vous

L'autorité veut vous faire croire qu'il y a un manque de tout dans la vie, car les gens sont séparés et que vous devez lutter contre eux pour l'avoir. Pas assez d'amour, pas assez de bonté, pas assez d'argent, pas assez de nourriture, pas assez de paix, pas assez de vie.

Pour y arriver, vous devez faire partie des puissants, des gagnants, accumuler plus, profiter plus, exploiter plus, performer plus et faire la compétition pour ne pas en manquer, pour vous accaparer du butin.

Les conséquences en sont l'habitude de croire que si vous ne faites rien, vous n'aurez rien, mais cela créé un problème supplémentaire, que vous devez remplir certaines exigences, certaines règles.

Pour corriger leur erreur et ne pas perdre le pouvoir sur vous, l'autorité a inventé l'obligation à faire, au lieu de comprendre que l'accumulation est un choix moindre qui existe afin de faire un choix plus élevé.

L'accumulation est un choix moindre dans la mesure où c'est pour se comparer

Nous voulons ne pas faire partie des « pauvres » ou des « perdants », alors nous éduquons nos enfants en leur donnant des choses matérielles et ainsi voir leur sourire, leur joie. Il n'y a rien de mal à cela.

Puis, ils grandissent comme nous, à avoir l'habitude de mettre uniquement l'importance sur l'accumulation d'objets observables, donc mesurables afin de se comparer, prouver l'image de la richesse, de la réussite, du bonheur, du bon, du grand, etc.

Ainsi, selon cette façon de vivre, une personne qui ne possède pas ou peu de chose, ne pourrait jamais offrir des produits à leurs enfants et ainsi croire en sa pauvreté et le demeurer le restant de sa vie.

Mais avons-nous oublié d'offrir des actions aimables dans nos relations, peu importe si nous sommes riches ou pauvres ?

Comment est votre sentiment, lorsque quelqu'un vous fait un geste aimable et sincère sans utiliser des objets matériels pour compenser son manque d'amour ?

Quels sont les résultats de l'habitude d'accumuler plus de chose, de biens, de richesse sans accumuler plus d'actions aimables ?

Ne devenons-nous pas possessif, avide, agressif, compétitif ou jaloux ?

L'accumulation vous rend possessif

Nous avons peur de manquer de quelque chose et alors nous accumulons de plus en plus afin de se sentir en sécurité, se sentir en vie avec nos choses. Et nous cherchons à protéger, à conserver, à retenir ce que nous avons pour ne pas vivre malheureux ou que les autres prennent ce que nous avons.

Ma maison, mon argent, ma femme, mes enfants, mes jouets, mes biens. On s'identifie à nos choses, car sans elles, nous sommes rien et vide dans notre cœur.

Nous croyons profondément, que dans la vie, il y a pénurie de tout ce qui est bien pour nous. Pas assez d'amour, pas assez de joie, pas assez de paix, pas assez de nourriture, pas assez de biens, pas assez d'argent, etc.

La peur de perdre ce que nous avons produit l'obsession de vouloir garder les choses ou les gens, et ainsi nous rendre possessifs.

Est-ce que cela est en fait, de l'exclusivité ? Que la personne que nous aimons, ne peut pas aimer d'autre personne que nous ? Que les autres ne peuvent pas en avoir plus que nous ?

Mais le jour où j'ai touché le fond du baril, où je n'avais plus rien, la peur de perdre quelque chose à quoi m'accrocher s'est évaporée. J'ai compris combien je vivais dans la peur sans m'en rendre compte. Je vivais selon ce que les autres pensaient de moi, selon les apparences, mais cet amour n'était qu'une image et non une vérité en moi.

Je niais que je vivais selon ce que les autres pensaient de moi et ainsi garder plus fermement dans mes croyances, cette vérité que je n'acceptais pas.

Il n'est pas nécessaire de toucher le fond du baril pour se libérer de l'obsession de la possession, mais cela a été mon expérience pour en prendre conscience.

L'accumulation vous rend avide

Je me suis toujours demandé, pourquoi les riches désirent accumuler de plus en plus de ce qui leur faut pour vivre bien ?

2 % de ces gens possèdent plus de 90 % des richesses de ce monde et le plus curieux, ils en veulent toujours de plus en plus !

Ma réponse fut très simple ; Pour les apparences de montrer leur réussite, leur supériorité, leur importance, en se comparant avec les autres. Comme s'ils pouvaient gagner leur place au paradis, avoir la vie éternelle et être à la droite de Dieu !

Évidemment, ils ne croient cela, mais leur façon de vivre permet d'observer autre chose, d'observer leurs habitudes de gagner plus pour ne pas faire partie des perdants.

Pour moi, c'est une évidence que je suis éternel, car je suis l'expression de Dieu et j'ai le même pouvoir de création que lui ou elle. Je change tout simplement de forme et mon esprit tombe dans l'oublie, quand je reprends une nouvelle forme pour continuer le jeu. Car si je me souvenais de tout, alors le jeu serait terminé !

Ainsi, leur motivation est la peur d'aller en enfer, de ne pas avoir la vie éternelle et mourir avec le diable. Ils croient qu'il n'y a pas assez de vie et alors, ils cherchent à gagner leur place pour vivre éternellement après la vie sur terre.

L'accumulation est une peur, donc n'est pas l'amour, n'est pas qui nous sommes et nous rend avide, au point de tout faire pour que les autres aillent moins que nous ou tout faire pour avoir plus qu'eux.

L'accumulation vous rend agressif

Plus nous possédons et plus nous avons peur que les autres nous le prennent ! Et par réaction à cette peur, nous nous défendons ou nous attaquons les autres pour protéger nos biens, nos possessions.

L'agressivité ou la violence est la réaction d'une personne qui a peur de perdre quelque chose ou de vouloir quelque chose en utilisant la colère d'une façon mal avisée.

Est-ce que cette peur est fondée ou bien est-elle véhiculée par les gens au pouvoir qui cherchent à vous faire croire que leur égoïsme est aussi le vôtre afin de vous ranger à leur cause sans vous en rendre compte ?

Lorsque vous ne prenez pas sur le dos des autres, lorsque vous n'exploitez pas les gens, lorsque vous partagez, croyez-vous qu'ils vont chercher à vous prendre quoique ce soit ?

L'accumulation vous rend compétitif

En avoir plus que les autres, c'est prouver que nous sommes des gagnants, des personnes qui réussissent, des gens qui s'élèvent au-dessus des autres.

La lutte contre les autres devient une « saine » compétition ou une guerre « sainte », même si cela produit des milliards de gens vivant dans la pauvreté et laissant des milliers d'enfants mourir de faim à chaque jour.

La peur de ne pas être à la hauteur, de bien paraître, devient une guerre sans merci, une compétition pour faire partie des gens supérieurs. Les gens supérieurs ne sont-ils pas ceux qui contrôlent les gens inférieurs afin qu'ils accumulent plus de richesse sur leur dos ?

Ne sommes-nous pas égaux, de la même nature divine ? Est-ce que tout le monde a eu des chances égales dans la vie ?

Ceux qui vivent dans l'aisance dès leur naissance, se permettent souvent de dire avec arrogance, que les pauvres sont ainsi, car ils n'ont pas saisi leur chance.

Il est facile de porter un jugement sur les apparences, mais lorsque nous passons notre vie à constamment se préoccuper de quoi manger pour ne pas mourir de faim, alors nos priorités ne sont plus les mêmes.

Peut-on parler de chances égales ou tout simplement d'inégalités ?

Accumuler plus rend compétitif et par conséquent, il n'y pas de coopération entre nous ni de collaboration.

L'accumulation vous rend jaloux

L'envie est une émotion naturelle qui nous pousse à continuer dans l'effort afin de réaliser notre but.

Mais lorsque l'envie provient de la peur, de la peur que les autres en aillent plus que vous ou qu'ils vous prennent ce que vous avez, alors l'envie n'est plus du tout naturel et se transforme en jalousie.

La jalousie est-elle une preuve d'amour ? Bien des gens affirment que oui, mais nous observons qu'elle prend naissance dans la peur et produit des chicanes, des conflits, des réactions violentes.

Accumuler, c'est en avoir plus que ce qu'il nous faut afin de se comparer avec les autres. Si nous luttons afin d'en avoir plus et que ne pouvons pas y arriver, comment est notre pensée envers les autres ?

Ne sommes-nous pas jaloux de leurs possessions ? Est-ce que notre jalousie cherche des moyens afin de les abaisser pour s'élever sur eux ?

Existe-t-il un choix plus élevé qu'accumuler plus ?

Il n'y a rien de mal à vouloir plus d'argent, plus d'amour, plus de reconnaissance, plus de bien, de chose. Tout cela provient des autres, n'est-ce pas ?

C'est la façon de vous les procurer qui pourrait causer des problèmes dans les relations et la seule façon que nous avons été conditionnés de faire est en contrôlant les gens, les obliger de nous apporter ce que nous voulons de plus. Nous n'avons pas eu de choix et ainsi utiliser cette unique façon de faire.

Ainsi, il ne nous vient jamais à l'esprit que nous obtenons plus par le partage !

Lorsque j'ai commencé à écrire en 2002, j'ai envoyé mon premier manuscrit à une trentaine de maison d'édition, mais j'ai eu la même réponse qui me disait : « malgré la qualité de votre œuvre, monsieur Lasanté, nous regrettons, car notre programme éditorial pour l'année est terminé. »

30 échecs qui m'ont blessés, mais je me suis dis, « si j'étais une personne très connue, aurais-je eu la même

réponse ? » C'est à cet instant, j'ai pris conscience que je ne suis pas seul à vivre ce problème et bien d'autres personnes se font refuser l'édition de leur livre, de leur création.

J'ai ainsi créé ma petite maison d'édition et j'ai édité des centaines d'auteurs inconnus en ayant comme slogan : « Le point de vue écrit de tout être humaine est aussi important que celui d'un autre. »

Par conséquent, si je veux quelque chose des autres, je leur offre ce que je veux pour moi et ainsi en faire l'expérience pure dans la relation et non d'être uniquement concentré sur mes intérêts.

C'est par le partage que l'on accumule sans lutte, sans effort et avec une passion débordante.

Mais partager doit être un mode de vie volontaire et non quelque chose imposé par le gouvernement ou les gens.

Nous ne pouvons perdre ce que nous partageons, mais nous pouvons perdre ce que possédons, ce que nous retenons de force.

Ainsi, ce qui compte est de toujours s'inclure parmi les gens à qui nous donnons, car ainsi, nous avons l'impression de ne pas s'oublier.

Qu'est-ce qui compte le plus pour vous !

L'accumulation en ayant peur de manquer de quelque chose est un choix moindre qui existe pour faire un choix plus élevé.

Amener les autres à obtenir ce qui est bon pour eux est une façon de vivre remarquable pour se connaître dans la relation et s'aimer par la création. L'occasion vous est offerte.

Est-ce que l'accumulation vous sert, vous est utile, compte tenue de ce que vous aimeriez vivre, selon vous ?

Si cela vous sert, alors continuez à vivre de la même façon, mais si cela ne vous sert pas, vous cause un problème, alors pourquoi ne pas faire un choix plus élevé pour vous ?

L'accumulation existe afin de faire entrer en existence dans votre esprit, ce que l'accumulation n'est pas, donc ce que vous êtes, et ainsi avoir un choix libre pour créer ce dont vous aimeriez avoir ou être.

Jour 28 : Les obligations à faire sont un choix moindre

Quand vous obligez quelqu'un, vous obtenez ce que vous voulez sans amour, et quand vous ne l'obligez pas, vous l'obtenez avec amour.

Avez-vous l'habitude de donner des ordres ou à recevoir des ordres ?

Croyez-vous que l'obligation est la meilleure façon qui existe pour obtenir ce que vous voulez des autres ?

L'obéissance fait tellement partie de nos profondes habitudes, que nous ne sommes pas conscients de vivre autrement, de vivre aimablement !

L'autorité a inventé les obligations afin d'accumuler ou obtenir ce que vous voulez

L'autorité veut vous faire croire que les obligations à faire sont des exigences à remplir pour obtenir ce que vous voulez dans la vie sans aucun autre choix.

Pour y arriver, vous devez obéir aux ordres, suivre les règles sans poser de questions et exécuter les tâches pour réaliser leurs intérêts tout en oubliant les vôtres.

Les conséquences en sont l'habitude de croire que vous devez faire ce que l'autorité vous demande, mais cela créé un problème supplémentaire, car si vous n'avez pas l'intention de le faire, qui exécutera les ordres pour satisfaire les désirs égoïstes de l'autorité !

Pour corriger leur erreur et ne pas perdre le pouvoir sur vous, l'autorité a inventé le jugement et la condamnation, au lieu de comprendre que les obligations sont un choix moindre qui existe afin de faire un choix plus élevé.

Donner des ordres ne fonctionne pas pour obtenir de meilleurs résultats !

L'occasion libre, et non l'obligation imposée, est la fondation de tout bien-être dans les relations. Aussi longtemps que vous croirez l'inverse, vous aurez manqué l'essentiel dans votre vie.

Vous ne pouvez pas vous connaître en tant que créateur si les gens vous disent quoi faire, comment le faire, et s'ils vous obligent à le faire, vous force ou vous pousse ensuite à le faire.

Dans les règles, vous n'évoluez pas, vous obéissez par la peur, et cette peur vous garde prisonnier toute votre vie, sans vous en rendre compte. Ce n'est que par l'expression de la liberté, de ce que vous êtes, que vous réalisez la croissance la plus grande, ou même qu'elle soit possible.

Mais vous ne voulez pas que les gens soient libres, car vous avez peur de perdre quelque chose d'essentiel dont vous croyez, à tort, avoir besoin pour survivre ou être heureux.

Il est beaucoup plus difficile de libérer les gens que de les dominer.

Les règles empêchent l'évolution

Le problème concernant les règles de savoir-vivre ou de comportement, c'est que quelqu'un doit établir les directives. Cela veut dire, que vos comportements sont limités, dictés, contrôlés par l'idée que quelqu'un d'autre se fait de ce qui devrait vous apporter la joie, vous faire du bien.

Êtes-vous conscient de vos intentions, quand vous cherchez à imposer des règles de savoir vivre, de moralité ?

Êtes-vous conscient de vos intentions, quand vous obligez, forcez les enfants à suive vos nombreuses règles de comportement ?

Quelles sont vos croyances à ce sujet ? Fonctionnent-elles pour créer un monde de relation aimable, de justice, de paix et de liberté ?

Avec toutes ces règles, vous empêchez les gens de bien vivre en mettant l'importance sur l'imposition de limites, sur le contrôle de leur action, sur la dépendance aux autres et par conséquent, vous bloquez toute possibilité d'évolution, de croissance et de joie.

L'obéissance et un moyen égoïste pour arriver à ses fins et ainsi créer un conditionnement puissant.

Un des principes du conditionnement de la pensée est de pouvoir contrôler ou dominer un être humain par l'obéissance à l'autorité afin d'arriver à satisfaire des désirs totalement égoïste de ceux qui dirigent ou qui contrôlent.

Il est facile d'observer les gens qui donnent des ordres et obligent les gens à faire leur volonté, mais ce qui est plus difficile est de s'observer afin de voir nos propres habitudes...

L'obligation vous rend apathique, inerte, sans motivation

Comme tous les parents, j'ai été conditionné à donner des ordres à mes enfants afin qu'ils fassent ce que je leur demandais. Mes parents m'ont montré cette habitude en étant enfant.

Je croyais que les règles permettaient à mes enfants de comprendre mes attentes et effectivement, j'ai éduqué mes enfants à vivre selon mes désirs égoïstes, mes attentes, et ainsi détruire leur initiative personnelle, à vivre sous l'approbation des autres, de douter d'eux et d'être des esclaves.

Je croyais qu'avec des règles, de donner des ordres à mes enfants, que cela permettait de les aider à réaliser leurs rêves, mais en fait, c'étaient les miens, car les règles tuent toute liberté de création et toute imagination.

Par conséquent, j'empêchais toute motivation personnelle à mes enfants et ainsi se contenter de suivre un chemin déjà tracé dans une vie inerte et sans joie.

L'obligation vous rend malheureux

Je trouve malheureux, tellement triste, qu'une personne qui a un merveilleux sentiment de faire l'expérience de certaines choses, puis de se retenir car elle a l'impression que ce désir violerait les règles de comportement !

Les règles de comportement font rarement référence à des limites juridiques, mais le plus souvent à des concepts plus simples de ce que vous considérez comme convenable, approprié, bienfaisant.

Le comportement approprié ne correspond pas toujours à ce que vous nommez les meilleurs de vos intérêts. En fait, c'est rarement le comportement qui vous apporte la plus grande joie.

L'obligation vous rend exigeant

L'amour donne tout et n'exige rien, ne demande rien en retour. Si tous les gens donnaient tout, de quoi aurions-nous besoin ?

La seule raison pour laquelle nous exigeons quoi que ce soit, c'est parce que quelqu'un d'autre se retient. Pourquoi ne pas cesser de se retenir !

Mais il est important de comprendre de ne rien donner qui enlève du pouvoir aux autres en exigeant des obligations, car ce qui enlève du pouvoir est ce qui favorise ou produit la dépendance.

En vérité, il y a toujours une façon d'aider les autres qui leur donne également du pouvoir, de la capacité de créer leur vie. Si ce pouvoir n'apporte pas de liberté à l'autre, alors cela est une obsession pour le pouvoir.

Notre tâche véritable, la première dans nos relations familiales et sociales, est de faire en sorte que chaque personne ait une chance égale de créer la vie qui l'intéresse.

Cela ne pourra jamais se produire tant que ceux qui possèdent et contrôlent actuellement les gens, les richesses et les ressources du monde s'agrippent solidement à ce contrôle, à cette peur.

Existe-t-il un choix plus élevé que l'obligation à faire ?

Ce qui compte vraiment dans nos relations n'est pas de contrôler la conduite des gens, mais de demander leur permission afin qu'ils choisissent librement de le faire, donc d'accepter ou refuser notre demande.

Comment réagir à ceux qui veulent que nous obéissions à leurs ordres sans créer des conflits en se défendant ou en attaquant ?

D'abord, nous ne pouvons obliger les gens à ne pas nous donner des ordres, mais nous pouvons les informer que leur abus n'est plus accepté, leurs ordres n'ont plus, et que nous préférons avoir le choix de le faire ou non.

Pour cela, nous devons vivre sans avoir besoin d'eux, mais en étant des enfants ou des employés, la chose est plus difficile, car nos parents et nos patrons sont dans l'inconscience totale et se croient supérieurs avec leur autorité.

Pourquoi ne pas leur montrer un nouveau point de vue qui leur permet d'avoir de meilleurs résultats en proposant un choix libre de le faire à leurs enfants ou à leurs employés ?

Les gens sont tellement conditionnés à donner des ordres, qu'ils ne leur viennent jamais à l'esprit de poser des questions qui visent l'intérêt des enfants ou des gens et ainsi les laisser en harmonie avec leur âme, leur esprit et leur corps. Ils sont constamment concentrés sur leurs intérêts et ainsi créer des divisions dans les relations.

Par exemple, je faisais l'erreur d'ordonner à mes enfants : « Va ramasser tes jouets dans ta chambre. » Ils réagissaient à mon autorité, mais j'étais en train de tuer toute motivation sans m'en rendre compte. J'étais aussi en train de ne pas respecter les sentiments et les intentions de mes enfants.

J'utilisais l'énergie de la peur au lieu d'utiliser l'énergie de l'amour, qui est liberté de choix !

J'ai alors essayé autre chose en posant une question à mes enfants : « As-tu une idée comment faire pour que ta chambre soit propre et belle à regarder ? »

Ou de simplement ne pas ordonner comme : « Pourrais-tu ramasser tes jouets dans ta chambre s'il-te-plait ? » « Mais tu n'as aucune obligation, c'est uniquement une occasion pour la mettre en ordre et tu peux me dire non sans problème ? »

Le but n'est pas de leur dire quoi faire avec des ordres et de l'autorité, mais bien de leur faire prendre conscience qu'ils ont la liberté de le faire, la liberté de dire non sans perdre quoique ce soit ni jugement ni punition.

Si nous ne sommes pas conscients que nos enfants agissent librement à partir de leur propre intérêt, c'est qu'en vérité, nous ne sommes pas conscients que nous aussi, fonctionnons de cette façon.

Qu'est-ce qui compte le plus pour vous !

L'obligation est un choix moindre qui existe pour faire un choix plus élevé.

Amener les autres à agir à partir de leurs intérêts est la véritable motivation. Cette action débute toujours dans la liberté de choisir de le faire, et non en imposant des obligations pour le faire.

Est-ce que l'obligation vous sert, vous est utile, compte tenue de ce que vous aimeriez vivre, selon vous ?

Si cela vous sert, alors continuez à vivre de la même façon, mais si cela ne vous sert pas, vous cause un problème, alors pourquoi ne pas faire un choix plus élevé pour vous ?

L'obligation existe afin de faire entrer en existence dans votre esprit, ce que l'obligation n'est pas, donc ce que vous êtes, et ainsi choisir ce dont vous aimeriez avoir ou être.

Jour 29 : Le jugement et la condamnation sont un choix moindre

Le jugement empêche toute évolution de la conscience et la condamnation la garde en place par la culpabilité.

Le problème, dans notre société, consiste à rechercher la justice après qu'une injustice soit commise, au lieu d'être juste au départ.

En fait, la véritable justice est une action, et non une conclusion blessante à cause d'une action ! Être juste ne s'apprend pas dans les livres ni à l'école, mais dans l'action, laquelle est la relation.

Si nous voulons vivre bien ensembles, ne serait-il pas sage de comprendre soi-même, d'où viennent ces profondes habitudes du jugement et de la condamnation ?

L'autorité a inventé le jugement et la condamnation afin de vous obliger à exécuter leurs ordres

L'autorité veut vous faire croire que le jugement et la condamnation sont des valeurs justes qui répondent aux obligations, aux règles qu'ils ont inventées pour contrôler et ainsi corriger les gens au lieu de corriger les erreurs des gens.

Pour y arriver, vous devez vous sentir coupable en vendant votre âme au diable, à la faveur de la personne ou de l'autorité qui juge. Si vous ne le faites pas, alors vous serez jugé comme une mauvaise personne et si vous le faites mal, alors vous serez condamné, puni et même emprisonné.

Les conséquences en sont l'habitude de croire que l'autorité possède le pouvoir de sauver votre âme, de pardonner vos erreurs, mais cela crée un problème supplémentaire, car même avec le jugement et la condamnation, vous observez que l'autorité n'a pas toujours raison, que cela vous empêche d'évoluer et que si Dieu est amour absolu, alors comment cela est-il possible ?

Pour corriger leur erreur et ne pas perdre le pouvoir sur vous, l'autorité a inventé les conditions, au lieu de comprendre que le jugement et la condamnation sont des choix moindres qui existent afin de faire un choix plus élevé.

La profonde habitude du jugement

Le jugement est une parole qui blesse nos sentiments afin de se soumettre à l'autorité qui veut le contrôle sur nous pour faire ou ne pas faire quelque chose et ainsi satisfaire leurs intérêts sans égards à nous.

La culpabilité se produit, lorsque les autres qualifient vos décisions ou actions selon leurs propres valeurs du bien ou du mal sans être conscients de leurs motivations à vous juger ou vous condamner. Très peu de ces valeurs proviennent de vos propres expériences, vos propres vérités ou sentiments, mais bien des paroles des autres.

Cette inconscience ou habitude profonde s'est installée en vous car :

- Vous avez accepté comme réalité, que puisque vos parents vous jugent et vous condamnent, alors vous croyez avoir le droit de juger et condamner les gens.

- Vous avez accepté comme réalité, que puisque la religion vous dit que Dieu vous juge et vous condamne, alors vous croyez avoir le droit de juger et condamner les gens.

- Vous avez accepté comme réalité, que puisque vos enseignants vous jugent et vous condamnent, alors vous croyez avoir le droit de juger et condamner les gens.

- Vous avez accepté comme réalité, que puisque la société vous juge et vous condamne, alors vous croyez avoir le droit de juger et condamner les gens.

- Vous avez accepté comme réalité, que puisque la justice vous juge et vous condamne, alors vous croyez avoir le droit de juger et condamner les gens.

Ce qui compte n'est pas d'accepter la réalité des autres, mais bien d'accepter votre vérité, votre sentiment par rapport à cette réalité, puis de choisir ce qui compte le plus pour vous, ce qui vous fait du bien, selon vous.

Pour se libérer du jugement et de la condamnation, il faut observer, accepter et comprendre si certaines habitudes ont pris forme dans votre façon d'être.

Si vous niez le jugement et la condamnation par réaction pour protéger votre égo, votre image, alors cela est la preuve évidente que vous êtes piégé dans le jugement et la condamnation, peu importe ce que vous en pensez !

Les conséquences peuvent vous rendre détestable, injuste, conformiste, irresponsable ou vengeur.

Le jugement vous rend détestable

Vous croyez que vos règles sont très utiles pour avoir des comportements avisés dans les relations en disant aux autres ce qui est bien et ce qui est mal.

Le bien et le mal ne sont pas ce que les autres pensent et disent de nous, mais bien ce que nous sentons.

Le jugement blesse et ne fait que nous détester. Il empêche d'être attentif à notre vérité, notre sentiment, et choisir un nouveau sens à nos expériences.

En fait, le jugement est une conclusion qui permet de contrôler les gens à faire ou ne pas faire quelque chose pour les désirs égoïstes de celui qui juge.

Plus nos parents nous jugent, plus les autres nous jugent, et plus nous nous sentons mal à notre sujet. Pour se protéger du jugement, nous réagissons à juger les autres à notre tour pour bien paraître.

Par conséquent, nous devenons des gens détestables, car nous nous détestons. Ainsi, par habitude inconsciente, nous cherchons à montrer aux autres, combien nous sommes aimables pour cacher cette vérité, pour compenser notre manque d'amour de soi en le recherchant chez les autres.

Le jugement vous rend injuste

Partout où j'ai vécu, j'ai observé que l'autorité cherchait à avoir des traitements de faveur et ainsi se croire des gens plus importants que d'autre. Je ne devais pas poser de questions afin de comprendre leurs intentions, car je pouvais mettre en évidence leur motivation égoïste.

Ainsi, lorsque nous donnons des traitements de faveur à certaines personnes, lorsque nous croyons en l'existence de gens supérieurs, plus importants, alors nous sommes injustes.

En leur donnant un traitement de faveur, ne sommes-nous pas injustes avec les autres personnes ? Et le jour où nous les traiterons de façon juste, ne vont-ils pas percevoir cela comme une injustice, car ils sont tellement habitués à recevoir des traitements de faveur ?

Si vous croyez en un monde juste, alors les traitements de faveur, les qualificatifs, les comparaisons, les supériorités et les préjugés ne sont pas des valeurs qui font du bien, mais bien des valeurs qui font du mal.

Pouvons-nous observer notre propre comportement dans les relations afin de voir si nous sommes injustes et non de tenter de cacher cette vérité en voulant prouver que nous sommes justes au devant des autres ?

Vous voulez vivre dans un monde juste ? Alors soyez juste dans vos relations et évitez de donner des traitements de faveur aux gens que vous croyez importants par leur titre, leur possession ou leur performance.

Nous sommes tous égaux et nous nous exprimons différemment.

Le jugement vous rend conformiste

Quand j'étais jeune, les adultes avaient toujours raison et ils savaient mieux ce qui était bien ou mal pour moi, pour les enfants.

Les adultes ont toujours raison, n'est-ce pas ? Et les enfants doivent devenir comme eux, être conformes à leurs valeurs de ce qui est bien ou mal !

Pourtant, il suffit de regarder notre monde afin de comprendre que les parents, les professeurs, les politiciens et les adultes ont créé ce monde malheureux, ces conflits, ces guerres et ces injustices !

Suivre les règles des autres et les juger, s'ils ne les respectent pas, crée la peur de vivre différemment et ainsi répéter le même passé que nos prédécesseurs, au lieu de l'observer, le comprendre et apprendre des erreurs qui ne fonctionnent pas pour bien vivre et non uniquement ceux qui se croient plus importants.

Mais les adultes ne veulent pas que les plus jeunes voient leurs erreurs et alors ils utilisent le jugement pour qu'ils arrivent aux mêmes conclusions et ainsi répéter les mêmes erreurs de génération en génération.

Ainsi, cela permet aux riches de s'enrichir plus et aux pauvres de s'appauvrir plus. Par conséquent, chacun conserve la même situation par le conformiste.

La condamnation vous rend irresponsable

N'est-il pas stupide de concevoir des règles fondées sur la façon dont les gens devraient se comporter pour ensuite les punir s'ils ne se conduisent pas ainsi ?

Pourquoi obliger les gens à vivre mécaniquement et sans joie en cherchant à contrôler leur comportement pour satisfaire des désirs égoïstes ?

Les erreurs ou les fautes sont des choix moindres qui doivent exister afin d'avoir la possibilité de faire des choix plus élevés afin de s'aimer, se connaître et évoluer en des versions de plus en plus grandioses de qui nous sommes et en fonction de nos intentions, non celles des autres.

Mais en l'absence de choix moindres, de solutions moindres, il est impossible de choisir ce qu'il y a de plus élevé.

Mais si je n'accepte pas, si je porte un jugement sur mes erreurs et celles des autres, alors je détruis toute possibilité pour moi, d'évoluer en conscience, de me sentir responsable et ensuite faire un nouveau choix.

Ce qui compte est de choisir ce qu'il y a de mieux pour moi. Et faute de choix, faute d'erreurs, comment puis-je choisir consciemment ce qu'il y a de mieux ? Nous ne pouvons pas être responsables de nos actions ni des résultats, si le jugement et la condamnation existent, car la conséquent est la culpabilité qui blesse. Lorsqu'il y a culpabilité, personne n'aime ce sentiment et notre réaction est de se justifier ou accuser les autres afin de se dégager de toute responsabilité.

La responsabilité est impossible en présence de la culpabilité ni dans l'obligation.

La condamnation vous rend vengeur

Bien du monde croit que la condamnation aide à corriger le comportement des gens, mais personne n'observe que cela produit de la vengeance.

Plusieurs fois, je me suis vengé des gens qui me jugeaient, m'accusaient et me blessaient en réagissant par la vengeance. Je ne faisais que de me créer des sentiments malheureux et en me vengeant des autres, ils ont aussi répondu de la même façon.

Quand cela va-t-il s'arrêter ?

On ne change pas les gens par l'extérieur, mais bien par l'intérieur, par la conscience de choisir librement et par la motivation d'un intérêt propre à eux.

En condamnant, nous ne faisons que de nous préoccuper que de nos intérêts. Nous voulons que les gens « payent » pour leurs erreurs, au lieu de comprendre que nous tous, faisons de notre mieux compte tenu de notre modèle de monde.

Se venger, c'est comme donner des petits coups de marteau aux autres, sans comprendre qu'un jour, les autres vont utiliser un plus gros marteau envers nous.

Par conséquent, se venger, c'est se faire du mal à plus long terme.

Existe-t-il un choix plus élevé que le jugement et la condamnation ?

Sans le sentiment de mal, je ne peux pas connaître le sentiment de bien ! Il en est de même pour les autres.

Je dois comprendre que je fais de mon mieux compte tenu de mon niveau de conscience de l'instant et de ce que je cherche à faire. Il en est de même pour les autres.

Plus je m'informe concernant un sujet donné et plus mes choix seront avisés. Ainsi, plus je me connais et plus mes choix sont avisés pour moi. Il en est de même pour les autres.

Et le meilleur choix pour moi n'est pas ce que je pense ni ce que pense les autres, mais bien ce que je sens par rapport à une situation. Il en est de même pour les autres.

Si je ne fais jamais d'erreurs, comment puis-je être conscient de ce qui fonctionne compte tenue de ce que je cherche à faire ? Si à chaque chose que je fais, je réussis toujours du premier coup, comment puis-je connaître la joie, la très grande joie de la réussite ? Il en est de même pour les autres.

Mais si je ne fais pas d'erreurs, que tout ce que je fais est bien, si je crois avoir raison sur tout, si mes titres me font croire que je suis meilleur que les autres, alors cela est une indication, que je suis à un niveau inférieur de mon évolution, sans m'en rendre compte. Il en est de même pour les autres.

Lorsque je n'ai pas l'intention de comprendre quelqu'un, c'est que je cherche à le juger afin de le contrôler à satisfaire mes désirs. Il en est de même pour les autres.

Lorsque je dis que je comprends, c'est que je ne désire pas faire l'action de comprendre, mais de ne pas écouter afin de pouvoir parler. Il en est de même pour les autres.

Mais lorsque je pose des questions pour comprendre quelqu'un, que je suis conscient que les sentiments et les intentions des gens sont toujours changeantes, alors je fais l'action de m'intéresser à cette personne et non de chercher dans ma mémoire, des conclusions passées pour porter des jugements et faire revivre le passé qui n'a aucune importance à cet instant, sauf de détruire l'harmonie dans les relations. Il en est de même pour les autres.

Si je suis amour, bonté, justice, joie et vérité, il faut qu'existe la haine, la méchanceté, l'injustice, la tristesse et le mensonge afin de pouvoir me connaître par choix libre ! Mais, si je porte un jugement sur ces états d'être, alors je nie leur existence et je ne pourrais jamais connaître leur contraire. Il en est de même pour les autres.

En vérité, ce que je ne suis pas doit exister dans ma réalité afin de me connaître par choix. Mais cette réalité est une illusion qui paraît tellement vrai. Ce qui compte est de comprendre l'illusion et non la voir comme une vérité. Il en est de même pour les autres.

Ce que je fais aux autres, c'est à moi que je le fais. Ce que je néglige de faire à un autre, c'est à moi que je néglige de le faire. Il en est de même pour les autres.

Qu'est-ce qui compte le plus pour vous !

Le jugement et la condamnation sont des choix moindres qui existent pour faire un choix plus élevé.

En jugeant ou condamnant les gens, je ne les aide pas à être plus conscient, mais lorsque j'ai l'intention de les comprendre, je leurs offre des informations pour être plus conscient d'eux et ainsi faire un choix plus élevé, selon leur liberté.

Est-ce que le jugement et la condamnation vous servent, vous sont utiles, compte tenue de ce que vous aimeriez vivre, selon vous ?

Si cela vous sert, alors continuez à vivre de la même façon, mais si cela ne vous sert pas, vous cause un problème, alors pourquoi ne pas faire un choix plus élevé pour vous ?

Le jugement et la condamnation existent afin de faire entrer en existence dans votre esprit, ce que le jugement et la condamnation ne sont pas, donc ce que vous êtes, et ainsi choisir ce dont vous aimeriez avoir ou être.

Jour 30 Les conditions sont un choix moindre

N'est-il pas malheureux, d'observer notre profonde habitude de tromper et se faire tromper par les autres au moyen des conditions d'échange ?

De croire que les conditions améliorent nos vies, mais qu'en fait, elles démontrent de plus en plus d'inégalité, de perte de liberté et d'inquiétudes grandissantes !

Heureusement, l'amour, donc ce que nous sommes, s'exprime par la liberté de choisir et non en cherchant des conditions inventées par l'autorité au pouvoir !

La relation « gagnant-gagnant » est une invention de l'homme injuste qui veut faire croire que cela est juste.

L'autorité a inventé les conditions afin de vous convaincre que vous ne savez rien concernant qui vous êtes

L'autorité veut vous faire croire que les conditions font partie de la vie afin d'obtenir ce que vous voulez et ainsi accepter que le jugement et la condamnation existent, et qu'assurément, vous ne comprenez pas quelque chose au sujet de la vie et de l'amour, de qui vous êtes et qui sont les autres !

Pour y arriver, vous devez chercher les conditions inventées par les gens nés avant vous, donc que l'amour est conditionnel, qu'une condition dépend d'une autre et ainsi répéter le passé, de génération en génération, au lieu de choisir la vie que vous voulez, selon vous.

Les conséquences en sont l'habitude de croire que les conditions sont des solutions idéales pour bien vivre, mais cela crée un problème supplémentaire, car vous observez que des milliards de gens vivent dans des conditions atroces sur notre planète et que d'autres vivent dans des conditions d'abondance extrême.

Pour corriger cette situation et ne pas perdre le pouvoir, l'autorité a inventé la supériorité pour ceux qui connaissent les conditions, au lieu de comprendre que les conditions sont un choix moindre qui existe afin de faire un choix plus élevé.

Les conditions sont des inventions qui vous empêchent de vous connaître

Vivre, en pensant constamment à ce que nous devrions être, produit l'oublie de soi et les conditions recherchées en sont les éléments en cause.

Le véritable amour ne connaît aucune condition ni échange et pourtant, presque partout sur notre planète, l'amour est conditionnel dans les relations sous toutes ses formes.

Par conséquent, les humains n'ont pu concevoir les conditions à remplir pour s'aimer soi-même au travers la création et la connaissance de soi, et alors, ils ont fait de leur mieux... ils en ont inventées, au lieu d'observer la vie, de s'observer tels que nous sommes !

Par exemple :

- Si tu m'aimes, tu dois me respecter !
- Si tu veux vivre bien en société, tu dois suivre les règles et les lois !
- Si tu veux être un enfant sage, tu dois écouter tes parents !
- Si tu veux un bon emploi, tu dois exécuter les ordres !
- Si tu veux de l'amour des autres, tu dois les rendre heureux !
- Si tu veux réussir, tu dois imiter les gens qui réussissent !
- Si tu veux que Dieu t'aime, tu dois obéir à ses commandements !

Des milliers de conditions sont inventées à chaque jour.

Ainsi, nous croyons que l'amour, le bien-être dans les relations, est conditionnel et nous vivons notre vie en cherchant à connaître les conditions à remplir pour obtenir ou recevoir quelque chose en échange.

Les conditions ne sont pas la liberté, mais l'absence de liberté, et jamais nous ne pourrions nous connaître et nous aimer en ayant des attentes en retour.

Vivre selon certaines conditions crée des comportements malavisés dans nos relations, sans s'en rendre compte.

Les conditions vous rendent imitateur

Avons-nous oublié que nous sommes des créateurs et non des imitateurs ? Que la création débute par choix libre et non en cherchant à savoir quelles sont les conditions imposées par les autres qui savent tout de la vie, sauf la leur.

Durant ma jeunesse, j'ai été forcé, comme tout le monde, à ne pas réfléchir, mais bien à suivre l'enseignement des autres qui reposait sur des conditions passées, donc existantes, et non en trouvant en moi, mes propres réponses.

Rares sont les gens qui me posaient des questions afin de me faire observer et réfléchir afin que je trouve mes informations et ainsi avoir la motivation de créer l'expérience nouvelle que je voulais, puis d'éprouver les résultats en sentiment.

Les conditions empêchent la création en recherchant le connu, le passé, mais sans jamais rechercher l'inconnu et ainsi avoir un choix libre.

Par conséquent, les conditions nous endorment dans une vie de somnambule, une vie dans la conformité et dans les habitudes de suivre les autres.

Les conditions vous rendent indécis

Quand vient le temps de prendre une décision, avez-vous remarqué que nous cherchons à gagner le plus ou perdre le moins ?

Nous cherchons les meilleures conditions pour nous au moyen de notre pensée conditionnée et ainsi avoir peur de ne pas choisir ce qui est le mieux pour nous.

Il est facile de prendre la même décision plusieurs fois, mais dans une situation nouvelle, inhabituelle, nous n'avons pas de référence ni de conditions connues, et alors nous sommes indécis.

En vérité, ce qui me convient le mieux n'est pas ce que j'en pense, mais bien comment je me sens par rapport à cette nouvelle situation, car ce qui est le mieux pour moi est ce qui est vrai pour moi. Mes sentiments sont ce qui est vrai pour moi, peu importe ce que j'en pense !

Les conditions vous rendent inquiet

Souvent, nous nous promettons verbalement des conditions d'échange afin de retenir l'autre, de s'attacher à l'autre, et ainsi croire que la relation est gagnant-gagnant, que nous pouvons tirer des avantages intéressants.

Quand on cherche à gagner chacun de notre côté, cela veut dire que chacun a peur de perdre quelque chose. Cette situation nous rend très inquiet, mais nous ne semblons pas comprendre que l'inquiétude est l'annonce de la peur et que la peur n'est pas l'amour, n'est pas qui nous sommes.

Les conditions ont été inventées afin de pouvoir gagner l'amour, être aimé au moyen de l'échange. Que l'amour est conditionnel, donc qu'une condition dépende d'une autre en échange.

Les relations d'amour en sont le parfait exemple. Nous entrons dans ce genre de relation avec l'esprit remplit d'attentes que l'autre doit nous rendre heureux.

Ainsi, nous vivons dans les idées futures, les attentes, et non dans le moment présent qui est action dans la relation. Nos idées empêchent de faire des actions aimables, car nous sommes constamment en train de penser à trouver des idées pour retenir l'autre, s'il ne respecte pas les conditions dans notre entente.

Les conditions vous rendent manipulateur

Si je ne suis pas conscient du pouvoir de l'amour qui s'exprime par la liberté de choisir, alors je dois inventer des conditions pour convaincre ou manipuler l'autre, que c'est bien pour lui, peu importe ses sentiments.

Combien de fois nos parents ont-ils inventé des conditions pour nous contrôler à faire ce qu'ils voulaient ?

Ma mère me frappait souvent en me disant que c'était bien pour moi, car je ne voulais pas accepter ses conditions, que je trouvais mensongères pour me manipuler par la peur de perdre mes besoins en étant enfant.

Nous cherchons à convaincre les gens au moyen de conditions selon ce qui devrait être, au lieu d'observer la vie telle qu'elle est.

Et quand vous ne pouvez pas convaincre ou manipuler l'autre, alors vous le blessez, le tuez, le massacrez pour gagner votre cause, pour vous justifier et avoir raison de le faire.

Qui vous a donné ce droit ? Sommes-nous attentifs à nos habitudes transmises par les autres ?

L'amour n'a pas de conditions, car les conditions sont des inventions de l'homme tandis que l'amour n'est pas une invention, mais la vérité de qui nous sommes.

Existe-t-il un choix plus élevé que les conditions ?

Toute ma vie, on m'a enseigné qu'il valait mieux donner que recevoir. Mais je ne peux pas donner ce que je n'ai pas.

Et si je donne constamment aux autres sans rien recevoir, un jour cet abus va m'apporter des ressentiments. Voilà pourquoi, il est important de ne pas m'oublier de m'inclure parmi ceux qui reçoivent, car ainsi, je n'ai pas l'impression de m'oublier.

Par conséquent, tout ce que je fais, je le fais consciemment pour moi et aussi pour l'autre. Mais si je m'oublie, alors je ferai comme tout le monde et je voudrais inventer des conditions en échange pour obtenir de l'autre, quelque chose.

Mon bonheur ne dépend pas des autres, de ce que les autres me donnent dans une condition d'échange, mais de moi, uniquement de moi.

Je n'oblige pas l'autre à faire quelque chose pour moi, mais s'il arrive que l'autre me fasse une action aimable, alors je suis reconnaissant de cette surprise sans avoir des attentes.

Aimer sans conditions, c'est s'aimer soi-même et aimer les autres, peu importe si nous recevons d'eux !

Voilà pourquoi, l'évolution personnelle se mesure à partir de ce qui fait du bien.

Si ce qui me « fait du bien », c'est d'agir de façon irresponsable, de me comporter d'une façon qui, je le sais, pourrait faire du tort à d'autres ou provoquer des inconforts ou de la peine, alors je n'ai pas beaucoup évolué.

J'ai pris conscience qu'aucune action qui fasse souffrir une autre personne ne mène à une évolution rapide. De plus, aucune action engageant quelqu'un d'autre ne peut être entreprise sans son consentement ni sa permission ni en cherchant à gagner quelque chose.

Lorsque nous partons de l'idée que « nous ne faisons tous qu'UN », il nous est presque impossible de prendre plaisir à blesser quelqu'un d'autre.

Les conditions nous divisent et nous rendent malheureux avec les attentes !

Qu'est-ce qui compte le plus pour vous !

Les conditions sont des choix moindres qui existent dans la réalité afin de faire un choix plus élevé.

En observant, en acceptant et en comprenant les conditions, qui sont le fait de chercher une garantie en retour afin de s'assurer que l'autre nous donne ce que nous voulons, alors nous vivons dans les attentes futures qui peuvent nous rendre malheureux dans le moment présent.

Est-ce que les conditions vous servent, vous sont utiles, compte tenue de ce que vous aimeriez vivre ?

Si cela vous sert, alors continuez à vivre de la même façon, mais si cela ne vous sert pas, vous cause un problème, alors pourquoi ne pas faire un choix plus élevé pour vous ?

Les conditions existent afin de faire entrer en existence dans votre esprit, ce que les conditions ne sont pas, donc ce que vous êtes, et ainsi choisir ce dont vous aimeriez avoir ou être.

Jour 31 : La supériorité est un choix moindre

Plus vous connaissez de conditions de vie inventées par les gens ayant l'autorité et plus vous êtes ignorant à vous connaître !

Est-ce que l'intention de vouloir être supérieur aux autres provient d'une conscience inférieure, primitive ? Une inconscience de se connaître et ainsi réagir en cherchant la reconnaissance des autres par la supériorité ?

Sommes-nous conscients que cela est notre plus grande bêtise et pourrait mener notre monde à sa destruction ?

L'autorité a inventé la supériorité afin de vous faire croire qu'il existe des gens meilleurs que d'autres

L'autorité veut vous faire croire que la vie est une école pour apprendre, que la survit est réservée au plus puissant, que la raison du plus fort est toujours la meilleure, que gagner est ce qui fait le plus grand bien et que cette supériorité est démontrée par ceux qui connaissent le plus de conditions.

Pour y arriver, vous devez accumuler le plus de connaissances concernant les conditions de vie, accumuler le plus de richesse, faire partie des gagnants ou avoir le plus de pouvoir sur les gens.

Les conséquences en sont l'habitude de croire que les gens supérieurs sont ceux qui doivent dirigés, être les plus glorifiés et reconnus au devant des autres, incluant Dieu, mais cela crée un problème important, car vous observez qu'ils contrôlent aussi, les prochaines générations à leur faire confiance et ainsi répéter, le même processus d'imitation afin de conserver le pouvoir sur les gens.

La supériorité crée l'ignorance de soi

Parce que les gens qui se croient supérieurs cherchent à ordonner aux autres quoi faire, à détenir le pouvoir sur les gens, alors jamais ils ne connaîtront la joie de créer et s'aimer par des actions concrètes, car les paroles sont insuffisantes, il faut vivre les sentiments par l'action dans la relation.

Les gens supérieurs sont en vérité, des gens inférieurs qui ont besoin d'aide afin de leur faire prendre conscience, qu'il existe un choix plus élevé de s'aimer et évoluer en des versions de plus en plus magnifiques.

En fait, il est impossible de sentir quelque chose en nous, lorsque nous ne faisons pas d'action en relation avec les autres, mais les gens qui se croient supérieurs sont justement, ceux qui ordonnent aux autres de faire des actions à leur place et ensuite, recevoir toute la reconnaissance pour eux.

Comme l'évolution de notre conscience se mesure par ce qui fait du bien dans les sentiments, alors les gens supérieurs n'ont pas beaucoup évolués, car sans les actions, aucun sentiment n'est possible. On ne peut pas utiliser les autres pour créer en nous, des sentiments d'amour de soi et des autres.

Par conséquent, la supériorité produit l'ignorance de soi ainsi que l'inconscience de soi.

Le processus d'imitation recrée l'ignorance et l'inconscience de soi

Nos parents, nos éducateurs, nos spécialistes, nos dirigeants et nos leaders se ressemblent tous. Ils nous font croire, que nous ne pouvons pas être heureux dans nos relations sans être aimé et sans être reconnus des autres. Donc, que nous devons vivre selon leurs conditions qu'ils ont inventées.

Rien n'est plus éloigné de la vérité !

Cette croyance inconsciente fait naître un processus d'imitation fondé sur le « bien paraître », et ainsi oublier qui nous sommes, en cherchant à se comparer avec les autres et ainsi prouver notre valeur personnelle, notre supériorité.

Ce processus d'imitation comprend les étapes suivantes :

- Vous n'êtes pas conscient que depuis votre naissance, vous avez été obligé d'obéir et croire par la peur et la culpabilité, que les réponses à votre sujet se trouvent chez les autres qui ont autorité sur vous, alors vous réagissez inconsciemment à douter de vous, à vouloir l'approbation des gens et ainsi oublier de vous connaître et vous aimer.

- Vous n'êtes pas conscient de vous connaître et vous aimer, alors vous réagissez inconsciemment à accumuler de l'éducation, des titres, des performances ou des biens afin d'être reconnu et aimé pour compenser ce manque en utilisant les autres pour vous faire remarquer !

- Vous n'êtes pas conscient que vous compensez vos manques en utilisant les autres, en ayant besoin des autres, alors vous réagissez inconsciemment à vouloir les contrôler, les dominer afin de satisfaire votre volonté, surtout si vous avez peur de perdre quelque chose d'essentiel à votre bonheur ou à votre survie.

- Vous n'êtes pas conscient de vouloir satisfaire uniquement votre volonté, alors vous réagissez inconsciemment en utilisant des mots, des justifications pour avoir raison et prouver que vous ne faites pas d'erreurs afin de bien paraître.

- Vous n'êtes pas conscient que vous voulez prouver le contraire pour bien paraître, alors vous réagissez inconsciemment en critiquant, blâmant, jugeant, accusant et condamnant les autres afin de les rendre coupables des fautes, des malheurs, des conflits et des divisions que vous avez créés en disant aux autres quoi faire.

- Vous n'êtes pas conscient d'être responsable d'avoir créé des malheurs, alors vous réagissez inconsciemment en voulant corriger, changer ou imposer des conditions aux autres afin d'augmenter votre valeur personnelle en vous comparant avec eux.

- Vous n'êtes pas conscient que vous voulez augmenter votre valeur personnelle en vous comparant, alors vous réagissez inconsciemment en croyant que vous êtes supérieur aux gens, mais sans jamais évoluer en connaissance de soi, car pour cela, vous devez vivre des expériences inconfortables dans vos sentiments afin de vous réveiller de votre profond sommeil et ainsi vous comparer avec vous-même.

Existe-t-il un choix plus élevé que la supériorité ?

Est-ce que vous êtes des imitateurs ou des créateurs ?

Vivre selon un système d'apprentissage par imitation n'offre aucun choix de se connaître, de comprendre la merveille de qui nous sommes et de créer librement, la vie que nous voulons.

J'ai vécu une vie à dépendre des autres, à douter de moi en faisant confiance aux autres, à avoir peur de perdre ce que je trouvais essentiel à mon bonheur.

Pour protéger cette peur, cette sécurité, j'ai créé de nombreux problèmes sans m'en rendre compte. Tout ça, parce que je n'étais pas conscient ni attentif à m'observer dans les relations ni à accepter ma responsabilité d'avoir créé mes situations ni à comprendre ce processus d'imitation afin d'avoir un choix conscient dans ma vie.

Le véritable pouvoir n'est pas la supériorité sur les autres, mais le pouvoir par la connaissance de soi, selon soi-même et qui s'exprime par choix libre de créer, non en cherchant les conditions inventées des autres pour imiter.

Ces conditions imitatives à vouloir se faire reconnaître des autres pour montrer notre supériorité afin de compenser notre manque évident d'amour de soi et de connaissance de soi.

Nous allons toujours en manque vers l'extérieur

Quand on s'aime vraiment et que l'on se connaît vraiment, nous n'avons pas besoin d'aller en manque à l'extérieur de soi afin que les autres comblent le vide que nous avons en nous.

Comprenez-vous ?

On va toujours en manque vers l'extérieur ! Voilà la vérité si évidente !

Ce qui compte vraiment et de se comparer avec soi-même en des versions de plus en plus magnifiques de qui nous sommes. D'être meilleur que nous l'étions hier et que nous pouvons l'être davantage demain.

De choisir le fait d'être meilleur, mais pas meilleur que d'autres, mais plutôt meilleur que nous l'étions auparavant.

De choisir le fait d'avoir davantage, mais seulement pour avoir davantage à donner.

De choisir le fait de savoir comment et de savoir pourquoi, afin de pouvoir partager toute cette connaissance avec d'autres.

De choisir en fait, de se connaître, de se connaître comme le Dieu que nous sommes, de choisir d'abord cela et tout le reste suivra.

Qu'est-ce qui compte le plus pour vous ?

La supériorité est un choix moindre qui existe dans la réalité afin de faire un choix plus élevé.

En observant, en acceptant et en comprenant la supériorité, qui est le fait de se comparer avec les autres afin d'être reconnus comme des gens plus importants que d'autres, alors nous vivons dans l'inconscience de soi et ainsi réagir en voulant utiliser les gens pour compenser notre oublie de soi, notre manque d'amour de soi.

Est-ce que la supériorité vous sert, vous est utile, compte tenue de ce que vous aimeriez vivre, selon vous ?

Si cela vous sert, alors continuez à vivre de la même façon, mais si cela ne vous sert pas, vous cause un problème, alors pourquoi ne pas faire un choix plus élevé pour vous ?

La supériorité existe afin de faire entrer en existence dans votre esprit, ce que la supériorité n'est pas, donc ce que vous êtes, et ainsi choisir ce dont vous aimeriez avoir ou être.

Nous ne pouvons pas créer un monde plus aimable, si un certain nombre de gens ne voient pas, ne choisissent pas, la création de soi au lieu de l'imitation de soi venant de ceux qui contrôlent ou dirigent notre monde, car les conséquences seront toujours de revivre les mêmes conditions actuelles.

La connaissance de soi est un choix libre et conscient

Se connaître, selon soi-même, n'est possible que par choix conscient et non par l'habitude de croire, qu'il faut lire ou écouter les autres qui connaissent tout de la vie, sauf la leur !

Dans ce livre, j'ai voulu vous montrer « ce qui est » et vous faire prendre conscience qu'en acceptant et en comprenant « ce qui est », alors votre esprit pourrait faire entrer en existence, selon vous, « ce qui n'est pas ».

Le « ce qui n'est pas » est ce que vous avez de nouveau dans votre esprit et ne provient pas du monde extérieur, mais bien de votre monde intérieur.

C'est la seule façon d'avoir un choix libre et conscient, non un choix qui paraît libre entre deux ou plusieurs informations connues.

Votre esprit fonctionne par choix

Notre esprit fonctionne par choix et non par l'absence de choix et pour vous connaître, n'est-il pas sage de contrôler votre esprit et non que votre esprit soit contrôlé par les autres ?

En fait, le véritable enseignement n'est pas de faire entrer quelque chose dans votre esprit, mais bien de vous faire remarquer, que cela a toujours été en vous.

Quand les gens cherchent à vous faire entrer de la connaissance en vous, alors ils ne vous offrent pas de choix et votre esprit n'est pas en action, n'est pas utilisé.

En mesurant votre mémoire, dès vos premières années à l'école, vous commencez à oublier les capacités de votre esprit et vous mettez l'importance sur l'accumulation de mots dans votre mémoire afin de vous comparer avec les autres.

Ainsi, vous n'utilisez pas votre esprit, qui fonctionne en observant « ce qui est », mais vous utilisez votre mémoire des mots, votre disque dur, qui fonctionne en vous rappelant le passé et vous le projetez dans le futur selon « ce qui devrait être » afin d'avoir raison.

En vérité, votre mémoire ne voit pas le présent, le neuf, mais uniquement le passé, le connu. Le présent étant votre sentiment et votre choix d'être.

Le sentiment est votre vérité, donc ce que vous sentez de bien ou de mal en relation avec les gens, les choses ou les idées. Votre choix d'être est entre ce sentiment et un nouvel état d'être qui vous intéresse d'expérimenter au moyen du « faire ».

Sans la relation, il est impossible de se connaître, car être, c'est être en relation.

Comment pouvez-vous faire une action aimable et sentir en vous, le bien que vous faites, s'il n'y a pas personne ?

Comment pouvez-vous choisir le bien, si vous n'avez pas connu les sentiments qui font mal ?

Nous ne sommes pas un résultat, mais un processus de création

Nous vivons notre vie en mettant l'importance sur les résultats, donc sur ce que nous voulons **avoir**, et non sur le processus qui crée les résultats.

Ce processus comporte deux aspects :

1. **ÊTRE**, est un sentiment qui indique une vérité.
2. **FAIRE**, est l'expression d'un choix d'être.

Mais nous avons été conditionnés à mettre l'importance sur le faire et ainsi oublier l'être, car nos gens instruits croient qu'une cause (faire) produit un effet (avoir).

En vérité, ce n'est pas une cause, mais bien un processus en cause (être et faire) qui produit un effet.

Comprenez-vous la différence ?

Votez-vous ce qu'il manque, ce que nous oublions ?

Nous sommes ce processus et en nous connaissant, nous pouvons observer, accepter, comprendre et choisir un nouvel état d'être avant de faire quelque chose.

Mais en étant inconscient du processus en cause, alors lorsque nous vivons un problème, nous cherchons à corriger la cause (faire) et non à changer l'énergie en cause (être).

En d'autres termes, nous utilisons la même énergie dans notre façon de faire qui a causé notre problème.

Cette énergie est la peur, ce que vous n'êtes pas, mais doit exister afin d'avoir un choix conscient entre la peur et l'amour, car en l'absence de choix, aucun choix n'est possible.

Vous utilisez la peur inconsciemment, au lieu de l'amour de façon consciente, car c'est ainsi que vous avez été conditionné par les autres.

Et en observant les milliards de gens vivre ainsi, vous les imiter, car vous vous dites qu'il est impossible que tant de personnes se trompent.

Comment vous libérer de la peur ?

Pour changer votre façon d'être, vous devez choisir entre la peur et l'amour, entre ce qui est et ce qui n'est pas.

Parce que vous croyez vous connaître, et qu'en vérité vous vivez dans la peur, alors jamais vous ne pouvez choisir, car en résistant, vous ne faites qu'implanter plus fermement cette peur en vous et ainsi ne pas avoir de choix.

La peur étant la négation de « ce qui est », vous n'acceptez pas ce qui est, vous n'acceptez pas que vous ne vous connaissez pas et alors, rien de nouveau entre dans votre esprit afin de pouvoir choisir librement.

Vous avez toujours raison, n'est-ce pas ?

Voilà pourquoi, rien ne se transforme !

N'est-il pas temps maintenant de reprendre votre pouvoir personnel ?

Combien de fois avez-vous nié vos sentiments, ce que vous aimez, ce que vous n'aimez pas ? Combien de fois avez-vous été jugé concernant ce que vous avez fait, voulez faire ou ne pas faire ?

Comment vous libérer de la peur ? Tout simplement en ne faisant rien. Car si vos actions sont lancées à partir de votre propre façon de penser, et que cette même pensée est enracinée dans la peur, alors vous ne ferez que donner plus de force à cette énergie, peu importe ce que vous faites.

C'est en observant et en comprenant que vous êtes la peur, sans nier ni juger cela, alors peut-être, que l'autre état d'être pourrait entrer en existence !

Une personne qui cherche la lumière est dans les ténèbres. Comment quelqu'un dans les ténèbres pourrait-il reconnaître la lumière ?

En vérité, je vous l'affirme, il y a aura de la lumière en vous, quand vous prendrez conscience d'accepter, de comprendre d'où a pris naissance vos propres ténèbres. C'est uniquement de cette façon, que la lumière jaillira en vous et ainsi avoir un choix possible.

On ne peut pas aller vers la lumière à partir d'un état de noirceur. Comprenez cette noirceur et sans effort ni lutte, la lumière jaillira.

Vous ne pouvez pas vous connaître, si vous n'acceptez pas ni ne comprenez pas ce qu'est la peur, ce que vous n'êtes pas.

Vous pouvez vous connaître un peu plus en 31 jours, mais en relisant ce livre dans quelques mois, vous verrez de nouvelles choses à votre sujet.

J'ai pris conscience, que ma raison d'être est de me connaître en des versions de plus en plus magnifiques de qui je suis et que cela est uniquement possible par la création consciente.

Mon prochain livre mettra en évidence, que notre passion de faire est uniquement possible avec la compassion, car sans elle, une passion n'est qu'un divertissement pour fuir une vie monotone et sans joie.

www.ingramcontent.com/pod-product-compliance
Lightning Source LLC
LaVergne TN
LVHW051828080426
835512LV00018B/2772